算屋

All You Need To Know About Feng Shui

這年頭一定要懂的陽宅風水知識

陳文祥 ◎ 著
陳匯宗 ◎ 繪圖

推薦序

常有一些沒學過三元納氣的風水同好，向我問這個問題：「既然三元納氣如此準驗好用，為什麼那麼少人知道？反而是八宅或玄空大盛其道？」

我會反問他一個問題，假設有一個神仙給你二組彩券號碼，其中有一組會中頭獎，另一組則不會中，但神仙說：你一定要將其中一組號碼公諸於世，請問你會將哪一組號碼告訴別人？

答案夠明顯吧，這就是人性使然。

寫三元玄空、飛星、八宅等大家熟知的東西，遠比寫三元納氣還容易讓人接受，寫三元納氣的人往往是吃力不討好，作者明明知情為何執意要寫？讀者可由此得知他的用心。

作者的內容可以說是風水書籍中的限制級，他不僅寫了三元納氣的內容，甚至將三元納氣秘訣也統統透露，這是一般人不會做，而寫出來更是會被師門所限制出版的。

書中有系統的將三元納氣分成二大部分：

一、一般情形下的理氣量測，也就是不會受到外在環境改變其納氣的情況。

二、非一般情形下的理氣量測，也就是會受到外在環境而改變屋內的納氣，這部分作者又將其細分成嶠星、水神、空缺引氣等三種不同地形。這部分的內容，非得訣者，無法窺知，也是一般別派風水師誤認三元納氣不會準的原因。

我曾問學員，學風水最需要具備的是什麼能力，十人當中有九人說「天賦」，剩下一個說「超能力」，為什麼大家會有這種錯誤的想法，這是一個很值得討論的問題，相信也是作者為什麼要寫這本書的原意。

風水長期以來就被有心人包裹著神祕的假象，加上不肖媒體的渲染，以訛傳訛、道聽塗說的行為，終於變成今日與神神鬼鬼畫上等號，令人望而畏之的東西。

「風水學」簡而言之，就是探究風與水對人類所造成的影響之學問。它是結合天文學、地球科學、建築學、景觀設計學、力學、電磁學等等集大成式的學問。讀者認為建築學或電磁學是神神鬼鬼嗎？為什麼把一些科學的學問組合而成的風水學，卻變成了眾人眼中迷信的產物了。相信讀者看完作者的大作後，就會知道原來風水就等於科學。

作者是清大化工系碩士畢業，又於新竹科學園區擔任研發經理，是標準的科技人，所以作者也慣於用科學的角度、邏輯的觀念研究風水，作者在學習本人的教材期間相當認真，且追根究柢的精神令我印象深刻，當他與我商量要辭去高薪的研發經理，轉向從事命相卜服務時，我並不感到驚訝，我還鼓勵並告訴他一些經驗，因為我知道作者一定可以在命相卜業大放異彩，時隔不久，就見到作者將其成果結冊成書，此書一定可以造福廣大的風水同好，甚至是一般的讀者，也能從中獲得寶貴的資訊。

陳龍羽

全國勞工聯盟總會風水、紫微主講師兼總顧問

台灣全國總工會易理、風水主講師兼總顧問

雲林縣總工會卜卦、命理主講師兼總顧問

雲林縣禮儀服務協會擇日、風水、命理主講師兼總顧問

自序

中國傳統的五術「山、醫、命、相、卜」等術數，其實只是「世間法」的一種，其目的是為了讓每個人生活能過的更好，然後可以為社會國家盡自己的一份力，進而行有餘力幫助他人。

現今的社會人心浮動不快樂、家庭失和、身體及工作不順的例子不勝枚舉，社會學者嘗試著歸納原因，包括有工業化、全球化、貧富不均…等等。其中牽涉到大環境周天運等因素，是形勢所趨，只能減緩，無法避免。

我常想，究竟哪裡可以貢獻我的棉薄之力，讓此混亂少一點、開心多一點？

我們知道，種種的「不愉快」都是自己的心境所造成，而心境又多由個性、生活慣性所控制，正所謂「江山易改，本性難移」，如果個性很難改，那我們就從改變外在環境開始。而住家風水的良莠，就是與我們最息息相關的「外在環境」。住進好屋子裡，睡的好、思想正確，自然個人及家庭都會有所改善的。

坊間的風水書籍多如牛毛，太過專業的、不專業的、抄襲捉刀的、推銷制煞與開運商品的……，在在都拖垮著讀者們的耐性與時間。因此，我特別利用一開始的自序文中，點出了本書的書寫理由與建議讀者們購買、閱讀的理由；如果正在翻閱本書的您也認同的話，希望這樣的一本風水書可以興起一點不一樣的漣漪，進而有正向的回饋，這樣就已經達到我的目的了。

理由一：表達方式以讀者能讀懂為原則，不於文字中做文章

我是一個理工科班出身的人，於以往的求學過程及工作內容，特別著重數據化、系統化、邏輯歸納、原因與結果可以互導……等科學的訓練。因此，對於風水這門學問，我的編排方式就盡量以圖文、條例、表格、問答、敘述等方式來呈現。而且盡量以一般讀者的觀點來書寫，這不但使讀者閱讀起來輕鬆，且於實際應用上只要查表、查條文就能知道自家風水哪裡有問題需要改善。其餘的敘述過程，您也可以當大學的通識課程一樣增加一點知識，不需如此嚴肅看待。

而在閱讀坊間的風水書籍中，大多會提到很多專有名詞（technical terms）或種種神煞名詞（ferocious terms），這樣容易流於一家之言或是令人望之生畏；所以本書於編寫過程中，盡量避開此等專有名詞，或是詳加解釋之，將古代的知識以現代化的說法說明，力求讓人讀懂為原則。

理由二：知識分享平台，為使用者鋪路

我們看看西洋的星相學發展，因為外國人的治學態度與其公開的思想，因此星相學早有悠久的專門期刊供人發表研究論文之用，其形式如同一般科學、文學的期刊一樣，有專職人員審核、校稿，當然刊登發表後也可以經讀者考核、研究與引述。如此經年累積下來，不僅後進研究者可以站在巨人的肩膀看這個世界，重點是一般普羅大眾也不再認為這是個神神鬼鬼、不科學的學問了。

反觀我國的星相學如紫微斗數，一樣也是有其準確性，但是一路傳來就可能發生了有人留一手的情況，而且更多的是不求甚解的胡亂解釋、囫圇吞棗的死背古籍的學習者，因此最後就只能淪為九流術士，而既然學問被當作是餬口的工具，那就呼嚨一下顧客，增加收入囉……。所以神棍、名嘴充斥於市面上，讓人分不清孰是孰非。如此，實在不是我們五術愛好者所樂見的一條路；也希望所有五術同好、老師們能夠秉持著不藏私的態度，給予指教，我們一起讓這些古老且實用的學問不再停留於「聽說」、「好像是」、「不可說」……等曖昧不明、不科學、個人珍寶的層次；提升到「經我實驗後」、「原來如此」、「著書立說」……等經實證、科學推演、公器公用的層次。

在我的老師教導這門學問之時曾說：「風水的驗證需要時間，所以經驗的傳承很重要」。因此，出書寫書的另一個目的，就在於經驗與實例的傳承，將我的理解訴諸文字，為後進者鋪路。

理由三：不假外人，能自助式的檢點自家風水

承理由一，在讀者看得懂的原則下，就能夠瞭解及應用本書的知識，接著對照書中的內容來檢點自家的陽宅風水，沒有繁瑣艱深的步驟。如有犯到形煞的，若是能改善，就可依照書中的改法進行。若是不能改善，也不至於落入不肖風水師的騙局中。因為有時候被騙不是損失金錢而已，若是發生意外等無法彌補的事情時，就不是控告他或是叫他賠同等的金錢能了事的了。

但在此我必須要先提醒讀者，在閱讀完本書後且真正瞭解內容後，您已經可以算是半個風水師了。因此，您大可以依照書中所習得的知識幫助自己及家人。但是當您參觀到別人家時，發現他人居家風水出了些問題（一般會很容易發現），此時您可以用暗喻的方式，或是建議他閱讀本書的方式，來提醒他改善或搬遷。畢竟這背後有牽扯到業力的問題，所以萬萬不可強出頭、愛表現，否則自

己亦會遭殃喔。

理由四：傳授正確觀念，破除似是而非的風水觀

一般大眾對於風水、命相等術數的看法很極端，不是百分百相信，就是抱持著懷疑的態度。我常想一門學問傳了幾千年，而且被騙的人很多都是聰明的人，那這門學問就有研究、探討的空間。也更需要現代的治學、思考方法來「除舊佈新」、「去蕪存菁」，本書凡是不適用於現代建築的看法，一些神神鬼鬼的說法，都會以正確的理論說明，讓您有「原來如此！」的感受。還有一些理氣原則，我們是以物理學氣流流動的原則來說明，這絕不是不科學、不專業的東西。

這裡我想再提的是，我們來看先進國家的情形，雖然他們多數不懂風水，但是比起我們更加著重社區整體營造開發、環評、水土保持，所以一眼望去整齊如一，古蹟、植被與現代建物也能共存，沒有突兀之感。反觀我們住的地方，觸目可見不同坐向的房子蓋在鄰近、過度開發山坡地、柏油化的土地使其失去水的涵養能力……諸如以上種種，我們與自然相處的能力都被「現代化」所綁架了。而因為亂蓋房子、沒有計畫的開發所造成的因，導致如壁刀、高壓、陽光遮擋、噪

音、土石崩塌……等形煞的果，此時再用山海鎮、八卦鏡等鎮煞物來鎮壓；您說我們真的是比較懂風水的民族嗎？而這些鎮煞的東西真的有用嗎？您只要繼續看本書就能知道。

理由五：宣揚納氣派風水，為學者帶來不同的思考方向

坊間有關風水的門派很多，很多人學的八宅派、玄空飛星、三合、龍門八大局…等等，我個人也學一些，也大略可知其他派別的重點為何。但是學習中發現這些派別很多都是公式化的套版，怎麼說呢？諸如以玄空飛星派而論，何時建造的房子、若是坐向一樣的話其吉凶就固定了，那麼不管室內裝潢擺設、門窗的擺向、外在環境……等等變化，都很難改變理氣的吉凶；我想，這是沒有道理的。

此外還有依照門牌號碼、生肖、生辰八字、命盤推演、東西四命……等方式選的坐向，真的妥當嗎？一家人中的生肖、生辰都不同，若只以宅主的來取論，那麼其他人呢？宅主過世後就要搬家了嗎？……諸如以上種種的論調充斥整個業界，有邏輯觀的人經過思考便可知道，好的風水是人與環境共處之下的結果，而每個人又都是一樣碳水化合物的構造，憑什麼出生年生肖不同吉凶就不同？因

此，這種依命理的公式套用到風水上來看，是行不通的！然而這些派別實已造成很多不必要的困擾……。

而讀者只要依照本書理氣的章節一路看下去，就可知道，不同外在環境、不同門窗大小與位置、居家隔間與擺放方式的不同、人移動的位置…等因素，在在都會影響房子納氣的吉凶。因而，本派別的風水原理，實是可應用於現代多變的外在環境與不同需求的隔間設計，並可且精確的解釋每個房子、每間房間的吉凶狀況。如此符合科學的風水理論，值得推薦給風水同好與一般讀者。

第肆篇　形家篇

第伍篇　公寓大樓型的辦公室、店面風水須知

第陸篇　問與答：一般常見公寓、套房式住宅的風水疑問

第柒篇　增福、解煞篇

第捌篇　實際案例篇

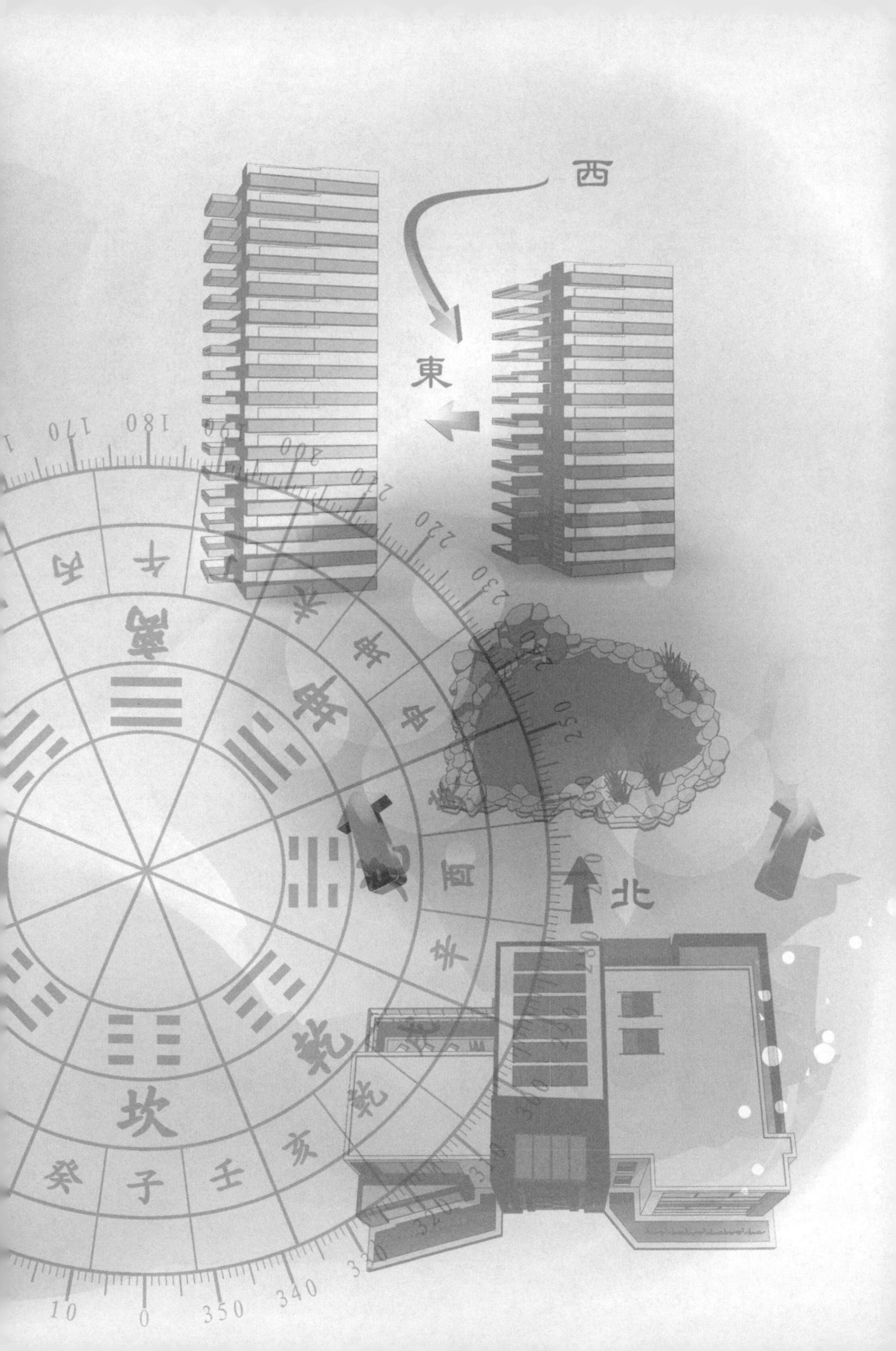
西
東
北

第壹篇　序論

一、本書的定位

我跟中國傳統五術（山、醫、命、相、卜）結緣非常之早，記得小時候的國語課本裡畫的都是八卦圖像，而且每年的農民曆一拿到手後，我總是一直看著今年的生肖運勢會如何如何、八字幾兩的人會如何如何，樂此不疲！似乎對於未知人生總有一股想要去探究清楚的衝動。

一路上的自學、拜師、驗證、思考，總算累積了一點的程度及經驗，但是，當我回頭看我讀過的書籍時，發現到很多觀念都是似是而非且不合時宜的。

尤其以陽宅風水而言，它的門派之多，令人眼花撩亂。而每每看到坊間自稱大師的著作及其言論，不是鼓吹人花大錢買一些招財、避凶的法器，就是說一些嚇唬人的言論，令觀眾覺得自己房子好像也有問題……。

因此，我想寫一本工具書，針對目前想買大樓式公寓住宅的需求，依照書本上簡單的步驟，也可以準個七~八成。因為書本篇幅有限，所以不可能包含所有的情況，但一定可以讓您避免選到很糟的房子！

買換房不是盲目的行為，我相信每個人購換屋時也有其關心的重點，諸如小孩學區、交通方便、公園綠地、建材質地……等。

但我認為，在滿足以上基本需求之外，請您一定要多加上一個風水的考量，因為唯有住的溫暖舒適才能有「家的感覺」，也才能讓您在家裡休息時，能夠完全的充電放鬆，進而儲備繼續打拼的活力。否則花個百千萬元，只不過買到很貴的泥磚土塊，而沒有「生命力」在其中，不是很不智的行為嗎？

本書的書寫方式，會以「使用功能」做為各篇幅主體的區分，然後各篇幅裡佐以條列式、圖片的說明，而每個原理說明盡量以科學解釋，無神神鬼鬼之說，務使每個人看得懂、能複製、可使用為原則。最後針對一般公寓式住宅常見的風水問題，我們以問與答方式編寫，期使讀者能更快吸收理解。讀者依序看完各篇之後，您一定可以自行判斷自宅吉凶，也不再被不肖風水師所矇騙了！

儘管風水已經是流傳很久的學問，且市面上的風水書籍更是汗牛充棟。但此學問一直不為普羅大眾所接受的主要原因，就是缺乏科學的涵養與驗證，做為一個理工出身的風水信徒，我相信本書的寫法一定符合現今時代所需，也相信現在正看著本書的有緣人，一定可以從本書得到您所想知道的風水答案；到時候，還請介紹本書給親朋好友知道，這門學問已經在那裡等著造福大眾了！

本書建議閱讀方式：

1、不急著挑選房子入住的人，可以悠哉的一篇一篇閱讀，當作知識見聞的增長，之後於購屋時做為參考資料。

2、正在選購屋、租屋想入住的人，我建議您可以先看第肆篇形家篇，甚至帶著本書去現場，看屋內外有無看得見的形煞，以及做為屋內房間用途、裝潢使用上的參考。之後，在幾間中意的物件中，我們參考第貳、參篇，挑出最好的理氣屋子使用。

3、已經入住房子裡的舊住戶，如果住得很順，那麼我建議您可以先看第柒篇增福、化煞篇，找出財位、文昌等方位，來造福家人與自己。之後您可以逐步閱讀第貳、肆篇，改善小瑕疵與提升身體健康、家人感情與自身運勢。

4、已經入住房子裡的舊住戶，如果住得很不順，那麼我建議您可以快速的翻閱第貳、參、肆篇，有可能是您居家的形或是氣有著嚴重的瑕疵。如果可以改善的話，請依書上方式速改之；如果無法改善，則請考慮搬家或是請專業老師前去勘查一下。

5、本書特別增加了一篇（第伍篇），給一些目前使用大樓公寓式建築做為辦公室、店面的使用者當作參考。

現今多數的辦公室都是承租一層或多層的辦公大樓，所以與公寓式住宅的挑選上有些共通處。而通常大樓的一樓也都是被當作店面使用，因此我也特地將注意事項寫進此篇中。所有行業、狀況都不一樣，基於篇幅所限，所寫的內容不會盡括完整，但是大抵上的重點會被點出來。

二、住宅風水淺論

風水這個名詞，源自於晉朝郭璞（西元276～324年）的《葬經》一書。書中有文字記載：「氣乘風則散，界水則止。古人聚之使不散，行之使有止，故謂之風水。」而風水古稱堪輿，根據許慎的《說文》解釋：「堪，天道；輿，地道。」所以堪輿者，即有關於天文地理之學問也。網路上只要鍵入「風水由來」、「風水」等關鍵字，就有一堆資訊可以參閱，讀者可以自行去觀看，以下我就以一小篇幅簡略說明，讀者可以用閱讀故事的心態，來進入風水世界。

人長時間處在房屋之中，因此房子的本身對於天文（或稱「玄」，即時間）與地理（或稱「空」，即空間）的相對關係，以及房子與居住人的相對關係，當然也是古人所注重的「天人合一」學問的觀察研究重點之一。

現在不管中國人或是西方人士，相信風水的人是越來越多了！而且很奇怪的是，越是達官貴人越相信，每每捨得花大把錢請來風水大師做調整。

東風西漸，前陣子看了一個外國節目，一個德國女子在德國幫別人調整居家及辦公室風水，姑且不論其理論正確與否，光是看到她收的價格不斐，而且預約往往已經是半年後的事情了，就知道西方人有多瘋迷……。尤以近年來，連國際著名學府如美國的普林斯頓大學等，也開始教授起風水課程；此外，名人如英國皇室、前美國總統柯林頓等，也都是中國風水學的忠實信徒。

看到中國老祖先的智慧在國外發揚光大，我們心裡著實高興，但是也不禁反問起來：「這學問是真的有用，為什麼還是有人不相信它呢？」我自己認為原因有二：

照片：希臘雅典的風水服務店

其一：從滿清末年以降，近百年來，中華民族的自信心及優越感可以說是非常低落，所以想快速強兵富國的心理作祟下，我們一切跟歐美日看齊，不只行為上，甚至包含心態上的價值觀都被「洗腦」了。凡是「科學」上不可量測及驗證的，全都視為無稽之談！

問題是，「玄學」有的時候是超乎科學的，這些可從很多的瀕死經驗、夢境預言、宗教奇蹟的事證加以說明，對於此處我就不多談了。我在此補充印度奧修（OSHO）大師說過的話，他說：「科學研究可分成三個層次，第一為研究客體，亦即感官可以報告它的行為，如物質科學、社會學等。第二層次為研究主體的意識，如心智、情感等。而更進一步的第三層次則為靈性的察覺。」

因此，若以他的定義來說，一般大眾所認定的「科學與否」，也不過是停留在「較低」的科學層次而已。而我們老祖宗的風水等術數，卻是位於第二與第三層次的「科學研究」呢！

第二個原因，也是讓我想寫這本書的很大一個因素，那就是，有些人原本是信風水的，但是由於曾經有被不肖風水師、命理師欺騙的經驗，或是對於一些沒有邏輯根據且神神鬼鬼的說詞感到反感，最後對於命理、風水從此敬而遠之……。

以下，我想以我的觀點，為這個偉大又切身的學問做一個平反！我個人覺得「陽宅風水」——活人住的地方的種種學問，可以用三個層次來說明：

層次一：風水是「居住的經驗法則」

古時候的人居住於野外，要跟大自然爭一口飯吃，因此，他們知道，住於山壁旁要注意土質鬆軟與否？否則易遭活埋……。住於水邊，要注意是否避開住於水流的反弓之處？否則大水一來，會慘遭滅頂……。住在洞穴的通風是否良好？否則生火取暖時容易一氧化碳中毒……。睡覺處離風口遠一點，否則易得頭痛感冒……。排洩處是否有水可以沖洗？或遠離食物儲藏處？否則容易患病……。

由以上種種舉例，我們可以知道，最早期的風水是以「居住安全經驗」的傳承，並無神秘色彩在其中。而好笑的是，於現代人的住宅中，裡外設計規劃很多都沒考慮到最基本的原則，「住」的觀念比起原始人還退步，我想是現代人類的生活，離大自然越來越遠的原因吧！

層次二：風水是「環境生物學」

隨著人類社會的進步，居住空間已不是單純求生存的需求，人們就會開始去探討環境對人的影響，把它當作一門學問來研究。如同目前西方人士強調的居家動線、擺飾、桌子形狀要圓弧（防撞）、色調要柔和、採光足夠、防竊安全、空調冷氣方向、增加收納空間、使房子看來清爽……等等；這些都是目前「健康住宅」的基本觀念，不需要冠上「風水」的字眼，大家也都能接受。

層次三：風水是「宇宙與個人能量場的交換場所」

一開始看我寫的會有點「玄學」的意味，其實不需如此看待。從近代的量子力學已經可以說明，每個物質都是能量的表現形式。外面的建築物、山、陽光、水，以及室內擺設，還有最重要的你自己本身，都是一團能量的巨集。

也因此我們可知，為何古時風水學家特別重視外在的山形山勢、水流方向與河流形態等等，因為在這些外在環境交互作用下，是否能幫助住宅達到藏風聚氣的功效，才是最終目的。若以物理學上的觀點，可視為整體能量場或稱引力場的交互影響。而且根據愛因斯坦的計算，物體質量越大，所聚集的能量也越大（$E=MC^2$），對周圍的影響當然也越大。但其實風水講的能量並非純以牛頓古典物理為主的巨觀能量（如熱能、電能），而大多是精微的宇宙能量（$<10^{-20}$公分以下的粒子所帶的能量），而現今的科技水平是無法檢測10^{-18}

公分以下的超細微粒子，也因此容易被冠上「不科學」的大帽子。

對於古代的居住環境而言，山川與河脈是風水上影響最大的兩個因素。因為山具有極大質量，且山形山勢可以決定風場（風即是能量的一種形式）；而水在風水上的功能可以是止氣或迎氣、吸氣，這可由一些科學研究指出，為何水邊總是有很多正負能量聚集，或是一條大溪的前後溫度可以差個3~4℃來做為解釋。也因為這樣，這個針對「住戶與住宅內外能量交互影響的學問」，之所以稱為「風水」的由來，是因為在古時候，住宅周邊影響能量交換的最大因素為「風」（或稱山）與「水」。

現在的住宅周遭環境千變萬化，尤其以都市而言，我們住的地方外在環境會有高樓，或許也有山、有水、有廟、有高壓電塔、霓虹招牌……等等。這樣的能量交換場所，比起古人單純的居住環境要複雜許多。如果再加上室內環境的擺設、家庭電器用品（如電視、音響等）、空調設備……等等，也都會影響屋內氣流的動線，及所居住人的生理、心理狀態。

也因此，現代的風水觀念更要隨時代更新，不能只是以訛傳訛、想當然爾，要經得起科學及邏輯的考驗。而一些神神鬼鬼、似是而非的說法，只不過是江湖術士的搪拖與詐財之詞，聰明的您不可不察！

三、住宅風水對於人的影響

地球本身就是一個大磁場，而坐落於地表上的陽宅因格局、坐向、周遭環境的不同，其受地球磁場影響，自己勢必也會形成一特定的磁場。

曾經聽到有人說過，若是去計算一個成年人身上的血液中的鐵質含量，約可以提煉出4～6根的鐵釘，正好當作入殮時的棺材釘使用，可說是「生不帶來、死不帶去。」也由以上論述可以知道，人的血液經由全身的血管流動，因為有這麼多鐵質，所以也會產生一微量的磁場。

若是房子周遭及格局所形成的磁場好，也就是俗稱的好陽宅，那麼人居住於這樣的房子中，久而久之，人身上的磁場也會有所感應，讓人的磁場也轉向於好的方向，如此人的健康自然好轉、心情自然愉悅，進而之後所做的決策也會較正確。反之，人們因為住入不好的陽宅，受到不好磁場影響下，久而久之，會造成心情、健康欠佳的情況，如此就很容易會造成意外，或有與人口角、投資失利……等憾事發生。

此外有人說，如果房子挑好的住，就會健康財運等都能很好。那姓名學、八字斗術、祖先陰宅等術數不就都可閃到一邊去了嗎？或是住進去後，從此都不會有衰事發生了？其實，我認為這都是彼此「交互搭配」下的產物。怎麼說呢？當一個人走壞運時，做什麼都不順，假設目前他正好想換房子，而且房子是由他自己挑選的情況下，通常都會挑到一間不是很好的房子。

所以，我們可以假想，當一個人的名字、祖先的陰宅、居家的陽宅等都經過擇吉篩選，那麼他在當運勢好的時候，一定能發揮他全部的實力，正所謂天助自助！而當他走不好運勢時，災難便會大事化小，小事化無，因為身體、思想長期都處於正向的環境中。

因此，風水師不能無限膨脹風水的功效，我們知道至少還需搭配其他因素，才能解釋人生的整體輪廓。但風水的確是一個強力趨吉避凶的工具，利用這些不用額外付錢的宇宙能量，源源不絕的供給你正面的能量，聰明的你，為什麼不去使用它呢？

四、形家與理氣要兼顧

風水首重：「一、巒頭，二、理氣。」古云：「不知巒頭者，不可與言理氣。不知理氣者，不可言巒頭。」兩者相輔相成，缺一不可。

所謂巒頭（又有另一稱呼為「形家」），簡單來講，就是陰陽宅外局的形勢，也就是周遭的環境。以現代術語來比方，就如同於電腦的硬體設施，一般是對於風水學中看得到、感覺得到的部分而言；也因此，各家派別對於「形家」的理論較不會有爭議。例如廣為一般人所知的路沖、壁刀煞等形煞，就是不好的「形家」。

至於理氣呢？指的就是吉凶於不同時間與空間下的計算，牽扯到房子與時間、空間的交互結果。白話說來，可比喻成電腦的「軟體部分」，既看不到又摸不到，除非體質特殊，否則就是只能乖乖的以羅盤配合各派師父法則等，量測而得知。

形家與理氣，各應其吉、各應其凶，不可相互抵銷！因此，我們於挑選一棟房子時，除了避開看得見的形煞外，也需要使用羅盤（或指南針）來量測，以決定房子理氣吉凶。否則，我們就常會遇到以下的情形：住的房子有賺到錢，但是卻常生病或是發生意外；或是住的房子對於男主人很好，但是對小孩或女主人不好……。以上種種情形，都不是十全十美的住宅。

談到形家學，唐朝的卜則巍先賢，在其所著《雪心賦》一書，描述的相當生動豐富，後輩常用於入門之首學。理氣方面：有三元派、三合派、九星派、龍門八大局、八宅明鏡…等，派系繁雜。諸家說法不一，各有巧妙，運用不同。

形家的學問因為感官上看得見、感受得到，而且透過電視媒體、書籍的傳播，幾乎已廣為人所知，但是仔細考究下，其實坊間關於形家的說法，很多都是錯誤的。因此，我們於隨後的第肆篇中，會分別針對常見的形家的外在形煞的形成原因，以及影響、解法做詳細說明。

而至於理氣，筆者所幸曾拜不同老師，學得數種理氣派別，經反覆試驗之下，發現「三元納氣派」又實用又具相當準度；而且其理論根據也經得起科學、邏輯的考驗。在千百種不同環境下，個別對應著千百種的不同結果，並非一個公式套用於全部的情況，在此幫師門做一個強力廣告！而本書的理氣也主要是針對這個法則做為編寫原則。

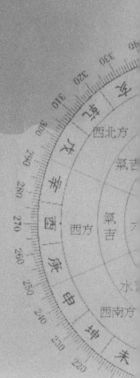

第貳篇　理氣篇之一：

一般情形下的理氣量測

本書會先利用接下來的兩個大篇幅，把理氣的量測做一完整的介紹。本篇介紹的是一般情形之下的理氣量測。這裡所說的「一般情形」，依我的經驗，其實已經包含了約七、八成的公寓式住宅情況，所以這一篇一定要詳細研讀，看完之後，您可以先行量測自家每個房間的理氣吉凶情況，再比照您家中發生的情形，就可以知道本門的理氣風水有多麼準確了！

一、理氣的來由與量測

理氣的理論

一般的風水書籍講到理論，一定就會以十天干（甲乙丙丁……）、十二地支（子丑寅卯……）開始，或是從先後天八卦、河圖洛書、陰陽五行……等開始講起。沒錯，其實一切的術數學說，都有其理論根據的源頭，當然風水也不例外。但如果要寫出以上所有的東西，就顯得太專業，而且本書就不適合一般普羅大眾閱讀，也違背我的初衷。因此，我會以我的理解，盡量寫出讓大家都能瞭解的文字內容，達到「通識教育」的目的。

其實，我們人生活在地球上，一定會受到一些自然力的影響，這些力量有地心引力、星體間的引力、潮汐、公轉自轉…等等。而古人夜觀天象並做出歸納整理之後，將這些學問化做有用的工具，如農民曆，就是教導農業社會作息的有用工具書；如八卦取象，之後就演變成卜筮，成為趨吉避凶的一門學問；而為了搭配天體運行，我國也採取了如古巴比倫人一樣的六十進位法，來做為我國獨特的紀年法。

自從東漢建武三十年（約西元54年），中國開始了以天干、地支彼此搭配的六十進位紀年法。該年為甲子年，之後為乙丑、丙寅、丁卯年……，因為十天干與十二地支的最小公倍數為六十，所以每六十年之後又重新從甲子年開始，之後再為乙丑、丙寅年…等，週而復始。

為何我要講到這個曆法呢？學過三元派的讀者一定知道，三元派共分為三元九運，而三元分為上元、中元、下元；其中每六十年為一元，每二十年為一運；因此三元九運為：上元一二三運、中元四五六運、下元七八九運；三元共為一百八十年。

那為什麼風水家要將每二十年訂為一運呢？其實是天體上木星與土星的交會週期，當此兩大行星交會時，當然會造成地球上的引力、磁場有著某種程度的影響。那又為何要將每六十年訂為一元呢？其實這剛好是木星公轉的十二年週期與土星公轉三十年週期的最小公倍數，也正好是土星、木星、水星等三行星的交會週期。所以，風水的理氣學說實則是觀察地球上的現象，找出時間與空間的對應關係而來。因此雖然感官上看不到，可是它卻確切存在！

以上說的是理氣的時間因素，此外理氣還有空間的因素。我們環顧一周是360度，為一個圓，地理師則將這個圓均分成幾個單位，不同派別有不同的分法。例如八卦，則為八個方位，每單位45度；24山則為24個單位，每單位15度；穿山72龍，共分為72個單位，每單位5度；百二分金，共120個單位，每單位3度……等等。這些不同的區分法，都會在各派別所使用的羅盤上標記出來，而風水地理師在量測該物件時（墓地、工廠、大樓等），透過羅盤的方位標記，配合自家訣竅，以斷定此物件的吉凶。古人著重看山口、水口、來脈、砂手（土丘）的方位，其實是看這些環境的氣流、水流交互作用下的磁場是吉是凶？而今人看的是馬路、門戶、高樓、水流……等等，觀察物雖不同，但本質上也是舊瓶裝新酒。

俗語所謂：「風水輪流轉」，說的就是風水所造成的吉凶會隨著時間、空間而更換，以本派三元納氣派來說，氣與水的方位吉凶分為上元與下元，上元為吉的來氣、來水，一到了下元就反而為凶。因此若要一棟住宅可以一直都不用搬遷還可以很旺的（地理師所謂的三元不敗），其實需要一些客觀因素都成立才行。通常為自己有地造屋、房子門窗的位置設計、房子前後左右沒有另外建案影響外在環境等，才有機會。所幸每一個元運時間頗長，因此不用常常搬遷；目前為下元八運，而下元運可以一直持續到西元2043年，還有三十幾年呢！

因為空間與時間的交互運作下，就連吉凶的方位與應驗的時間也有關聯。比如說正北方（子方）有一壁刀煞，則其發生凶應的時間為三合與對宮的年、月份，亦即六十甲子的申、子、辰、午年月日；而且家中生肖肖猴（申）、鼠（子）、龍（辰）、馬（午）的人更易發生。因此，由上述例子可知，陽宅吉凶的應驗需要時間，而且不是每年、每個人都會發生，因此很容易被忽略，認為是自己運勢不好或是精神狀況差所引起的生病、意外。現代人生命雖因醫療而延長，但是身體、精神狀態，甚至金錢壓力、意外事件都比以往還嚴重。我相信陽宅風水良莠也佔了一定的成因。

＊十二地支的三合與對宮：

三合：申子辰、巳酉丑、寅午戌、亥卯未。

對宮：子午相對、丑未相對、寅申相對、卯酉相對、辰戌相對、巳亥相對。

羅盤（指南針使用方式）

在電視上看風水師拿著一個大羅盤，上面刻滿著密密麻麻看不懂的字，心中總是會有一種敬畏之心，「哇！這老師一定懂很多」。如上文所說，其實在陽宅風水量測上，羅盤上所有的資訊也不是全然都使用（陰宅會使用較多的資訊），而風水老師也只擷取在羅盤上有關於所學的該門派的有用資訊而已。

羅盤就跟指南針一樣，是指出地磁南北方向的一個器具（如下圖所示），中間的指針所在之處叫做「天池」，之後就是好幾層有關各門各派的文字資訊，而羅盤最外層會有角度刻度，角度標示就如同一般指南針一樣，從0~360度，正好形成一個圓。

羅盤外觀多為紅色木托盤，有兩條垂直的紅色釣魚絲線，中央為底色白色的「天池」，天池內有一根磁針及一條紅色的子午線，其中子午線靠子方（北方）處標有兩個小紅圓點。而磁針有一端有一個小孔的針，另一端則沒有。

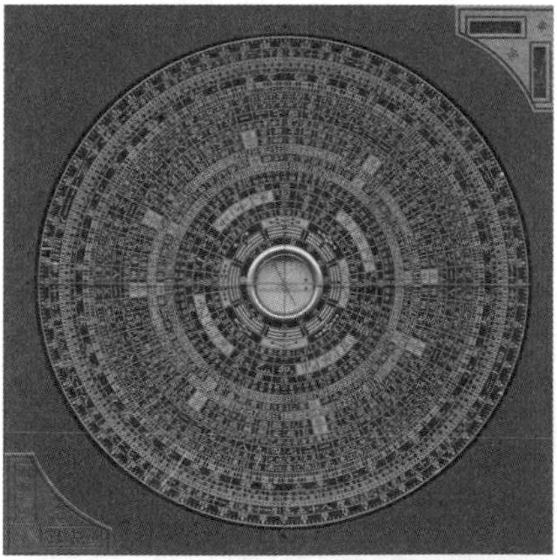

圖一：市售三元羅盤外觀（載自東定公司網頁）

以下茲就羅盤使用方式做一說明：

1、因為現代建築物都有鋼筋水泥，為了避免磁力干擾，我們應站於屋外100公分以上的距離量測；通常為大樓的一樓入口處。此時也應將手上的手錶、皮帶等金屬物暫時拿掉。同時也需小心避開量測處有機車、轎車的金屬干擾。

2、將羅盤放在胸腹之間的位置上，保持羅盤水平狀態，可參考旁邊的氣泡水平儀。然後羅盤上的十字魚絲線對準待量的建物。

3、固定了十字魚絲的位置之後，用雙手的大拇指動內盤，當內盤轉動時，天池會隨之而轉動。直到天池內磁針與天池內的子午紅線重疊在一起為止。此時，磁針有小孔的一端必須與紅線上的兩個小紅點重合。

4、讀取羅盤上資訊。然而，羅盤上有十幾二十層，究竟哪一層才是坐向呢？就是二十四山那一層了。它就在天池附近。當我們手拿羅盤面對建築物時，魚絲線靠近量測者的一端為建築物的「向」，魚絲線靠近建築物的一端為建築物的「坐」。譬如下圖例子，向山是乾，坐山是巽，我們便稱之為「坐巽向乾」或是「巽山乾向」（如下圖二）。或是其實您也可以直接讀取坐向的角度，如坐130度向310度，先不用理會八卦坐向的專有名詞。然後再對照表一所示，找出是哪個八卦所屬坐山、向山。

5、知道外在建物的坐向後，就可將坐向的角度固定，如此，在之後將羅盤拿到房內量測時，就不會因屋內磁力干擾，讓坐向角度有所偏移而產生困擾。當然，若您的房子坐向與一樓大門的坐向剛好呈180度相反，則坐與向的角度要自行對調喔。

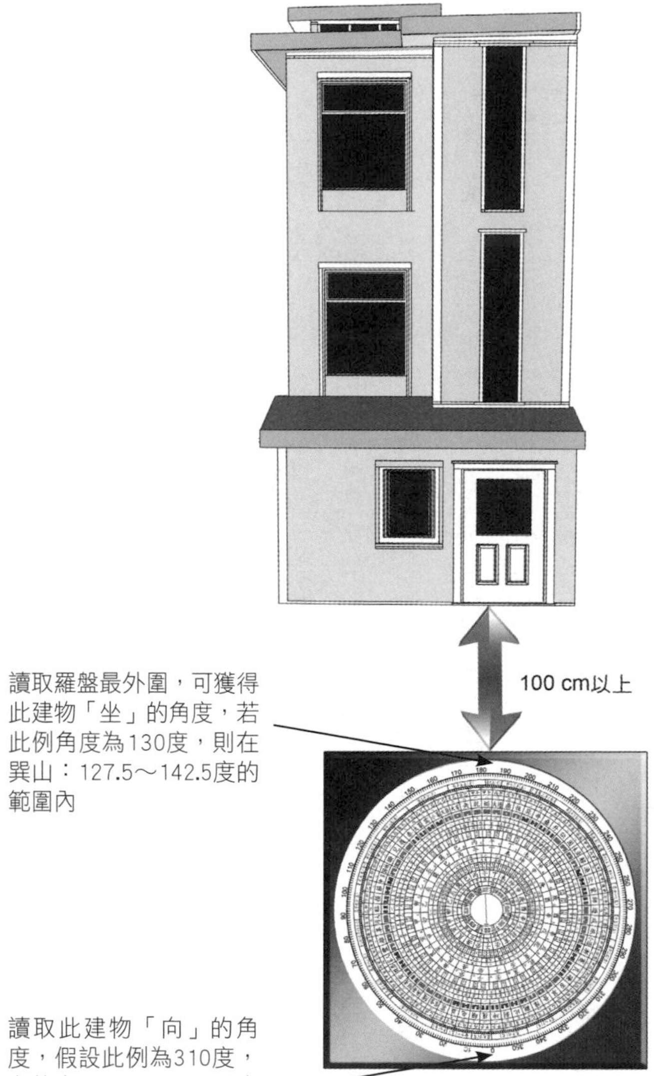
讀取此建物「向」的角度，假設此例為310度，在乾山：307.5～322.5度的範圍內

圖二：量測建物坐向示意圖

如果你只有一個指南針，你可以自行對照指針的度數，如下表一所示：

表一：方位與坐山度數表

方位	卦位	二十四山名稱	角度數
北方	一坎卦	壬山	337.5 － 352.5°
		子山	352.5 － 7.5°
		癸山	7.5 － 22.5°
東北方	八艮卦	丑山	22.5 － 37.5°
		艮山	37.5 － 52.5°
		寅山	52.5 － 67.5°
東方	三震卦	甲山	67.5 － 82.5°
		卯山	82.5 － 97.5°
		乙山	97.5 － 112.5°
東南方	四巽卦	辰山	112.5 － 127.5°
		巽山	127.5 － 142.5°
		巳山	142.5 － 157.5°
南方	九離卦	丙山	157.5 － 172.5°
		午山	172.5 － 187.5°
		丁山	187.5 － 202.5°
西南方	二坤卦	未山	202.5 － 217.5°
		坤山	217.5 － 232.5°
		申山	232.5 － 247.5°
西方	七兌卦	庚山	247.5 － 262.5°
		酉山	262.5 － 277.5°
		辛山	277.5 － 292.5°
西北方	六乾卦	戌山	292.5 － 307.5°
		乾山	307.5 － 322.5°
		亥山	322.5 － 337.5°

圖三：羅盤上24山、角度、卦位的示意圖

＊當您量測居家坐向，正好位於卦與卦的界線時（亦即22.5度、67.5度、112.5度、157.5度、202.5度、247.5度、292.5度、337.5度），您千萬不要搬入此宅，因為此煞

稱為「中空亡」。居家坐向犯此空亡煞，主出懶人、智障、精神病、小孩不乖、犯桃花、陰司怪病等凶應。

＊有關一般公寓式住宅的是以哪裡為坐向的問題，請參考第陸篇的問與答Q1。

＊一般羅盤有列出24山的層數總共有三層，從內往外數分別是地盤、人盤、天盤，本派量陽宅坐向、水流、高樓等皆使用最內圈的地盤24山，不要看錯。

＊表一的卦位前方有中文數字一、二、三、四……五除外，一直到九，此為後天八卦的洛書數。於中國術數上使用頻繁，尤其是風水。

二、目前較好的理氣方位

一般情形下的理氣吉凶

依上述方式使用羅盤量測，我們可以從屋宅外量測到坐向，然後到屋內量測門窗的方位，若有屋外形煞則也可以量測到它相對於住宅的方位，進而判斷吉凶以及推斷發凶的時間點（如上述的三合對宮）。接下來我們先利用這一章，來敘述本派理氣吉凶的判斷方法，比起三元其他派別的理氣法則，本派方法相形簡單，但是卻很準確，希望讀者能珍惜這個閱讀的機緣，好好去應用它。

＊此處所說的非一般情況，指的是：

1、房子前後有高樓逼近的情形，而造成迴風轉氣的狀況，風水上稱做「嶠星」（如圖四例）。

2、剛好遇到對面建築的缺口，而形成缺口處氣場強勁，納氣因而改變等情形（如圖五例）。此種缺口所引入的風勢、氣流強勁，因此常見於山居住宅，山勢缺口的氣流足以影響吉凶。

3、房子外圍鄰近水池、河流，水池很大、距離房子不遠等情形。（如圖六例）

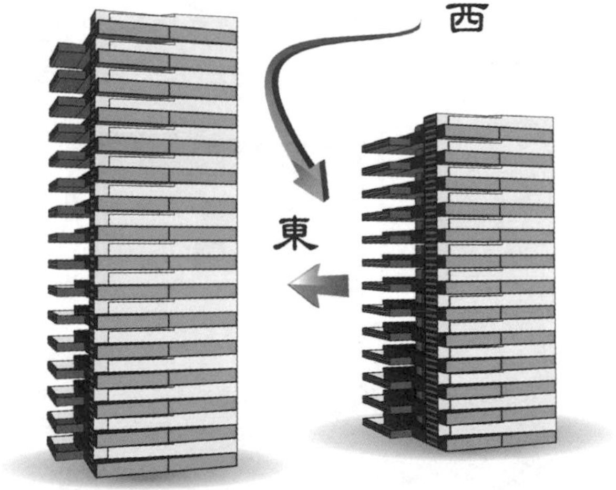

圖四：原本陽台會進東方的來氣，但因對面高樓造成迴風轉氣，而收到西方的來氣

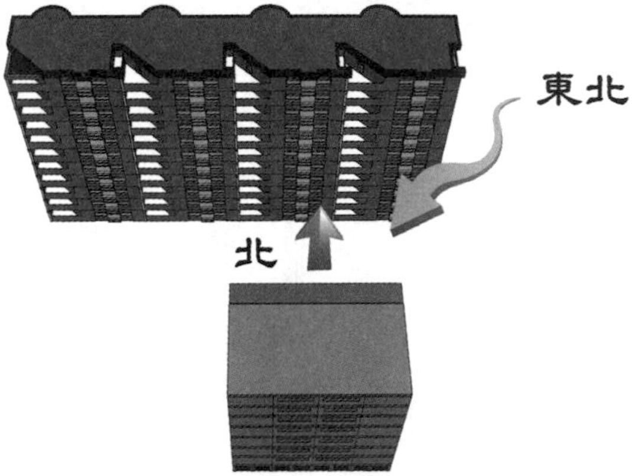

圖五：原本陽台會進北方的來氣，但因對面的風缺口，而收到東北方的來氣

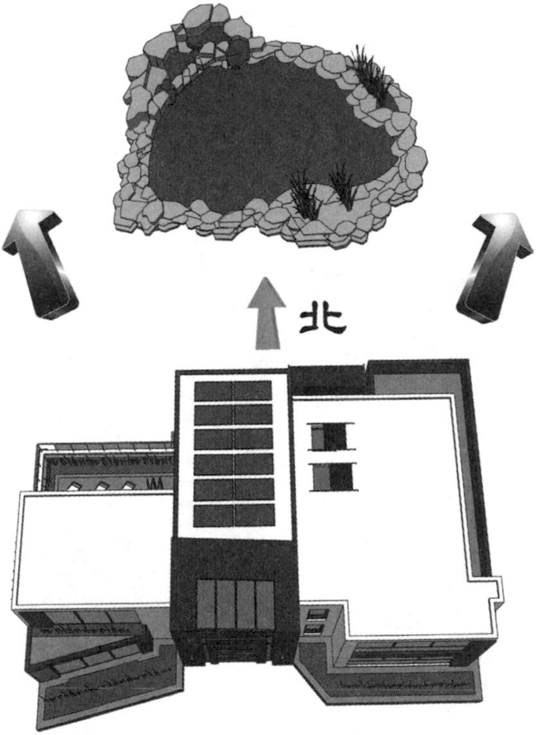

圖六：原本陽台會進北方的來氣，但因對面的大水池，而收到北方的來水

*以上的非一般情形判斷法則，我會將其內容介紹於下一篇中。但是依經驗，一般型的公寓大樓式住宅（屋宅前方一片空曠），還是佔多數，因此此篇內容要更詳細閱讀。

*此篇專有名稱為「門戶納氣法」，顧名思義就是屋宅的門與窗皆為「氣」的來源，從觀察、量測其方位，便可得知其吉凶。

之前文章有提及，房子理氣的好壞是與時間及空間有關。而不同派別對於時間與空間的定義，自然也有所不同。我在此處所提的時間吉凶，是以「目前時間」而言，並非如同玄空派所說的「房子建造落成」的時間。而所說的空間吉凶，則是以「人所在的位置」而論，而非單純的以房子坐向而言。

以下茲就本派的理氣學說，依時間、空間的原則與應用，做一簡單說明：

1、時間：三元派所說的「三元九運」，三元指的是上元、中元、下元。一元有三運，所以三元共有九個運。一運主導二十年，因此三元九運共為一百八十年，週而復始。以目前的元運而言，我們是走到三元九運的下元八艮運（西元2004~2024年立春）。

表二：離目前最近的三元九運時間表

三元	九運	起迄時間(以立春節氣為分界線)
上元	一白坎運	1864/2/4 下午20點11分 ～ 1884/2/4 下午16點48分
	二黑坤運	1884/2/4 下午16點49分 ～ 1904/2/5 下午13點23分
	三碧震運	1904/2/5 下午13點24分 ～ 1924/2/5 上午09點48分
中元	四綠巽運	1924/2/5 上午09點49分 ～ 1944/2/5 下午06點21分
	五黃中運	1944/2/5 下午06點22分 ～ 1964/2/5 上午03點03分
	六白乾運	1964/2/5 上午03點04分 ～ 1984/2/4 下午23點17分
下元	七赤兌運	1984/2/4 下午23點18分 ～ 2004/2/4 下午07點55分
	八白艮運	2004/2/4 下午07點56分 ～ 2024/2/4 下午04點25分
	九紫離運	2024/2/4 下午04點26分 ～ 2044/2/4 中午12點43分

＊自2044/2/4之後又週而復始，由上元一白坎運開始。

＊而本門則將一、二、三、四運分為上元，五運為中元，六、七、八、九運為下元，與其他三元派別不同；其原因是因地球分為南北半球，正好分為上下兩元，而中央赤道上下約有九百海哩為無風帶，此無風帶距離約佔地球上下全距的九分之一，因此將五運自行歸為中元。

2、空間：人處於房子內的不同位置，而造成不同的吉凶感應。所以同居於一間房子裡的一家人，可說是並非所有人都凶，也並非所有人都吉；而空間的吉凶究竟如何判斷呢？吉凶判斷是以人在房內所在位置收到「來氣」或「來水」的吉凶而定（＊註）。

所以，我們會特別針對每個人長時間所在位置，來挑選理氣的吉位，如床位（尤其是床頭位置）、神位位置（神座所在地）、小孩書桌、大人工作室、客廳沙發等處。至於所待時間不長的位置如廁所、廚房、客房等，則理氣不佳也可以接受，因為影響甚微。

註1：對於現今的公寓式大樓而言，收到「來水」的機率較低。因為在都市中的水池本來就少見，就算一樓公共空間有噴水池造景，如果您所居樓層較高一點，其影響是可忽略的。

註2：但如果您居於較低樓層，而附近又有河流、水池等，則需考慮水的距離與水的大小，來判斷是否有收到「來水」。

註3：但若神位可看到室內的魚缸，或是神位看出去可見到水光的話，則還是論可收到「來水」。如此神位與魚缸的位置就不得不小心擺放，因為神位關係到全家人的吉凶，甚至目前不居於此屋的家人也會受影響！

註4：公寓大樓中的住宅，收到來氣的來源通常為門與窗。我們稱來自於外門窗（連接室外）的來氣為「外氣」，室內門窗的來氣為「內氣」。外氣關係到賺錢與健康與否，內氣則與家人感情、健康有關係。

3、原則：除五黃運外，本派將元運分為上下兩元，因此目前為下元八運，屬於下元運（六、七、八、九運）的範疇，因此若收到下元運的旺氣則為旺，反之則凶。而旺衰如下表三所示，氣以旺為旺，水以衰為旺。

表三：本派來水、來氣與元運的關係

三元	九運	時間	旺氣	衰氣	旺水	衰水
上元	一白坎運	1864/2~1884/2	一二三四	六七八九	六七八九	一二三四
	二黑坤運	1884/2~1904/2	一二三四	六七八九	六七八九	一二三四
	三碧震運	1904/2~1924/2	一二三四	六七八九	六七八九	一二三四
	四綠巽運	1924/2~1944/2	一二三四	六七八九	六七八九	一二三四
中元	五黃運前十年	1944/2~1954/2	一二三四	六七八九	六七八九	一二三四
	五黃運後十年	1954/2~1964/2	一二三四	六七八九	一二三四	六七八九
下元	六白乾運	1964/2~1984/2	六七八九	一二三四	一二三四	六七八九
	七赤兌運	1984/2~2004/2	六七八九	一二三四	一二三四	六七八九
	八白艮運	2004/2~2024/2	六七八九	一二三四	一二三四	六七八九
	九紫離運	2024/2~2044/2	六七八九	一二三四	一二三四	六七八九

＊上表的一為坎卦範圍、二為坤卦範圍、三為震卦範圍、四為巽卦、五為中央沒有方位、六為乾卦範圍、七為兌卦範圍、八為艮卦範圍、九為離卦範圍，如表一所列。

＊五運時，因為氣與人一樣會有惰性，所以論氣旺衰時還是併入上元中。

＊水的反應較快速，因此論旺衰時五運的前十年歸上元，五運後十年歸下元。

4、**應用**：在瞭解了上述的基礎內容，我們要怎麼應用呢？這裡我們綜合上述的內容，做一個吉凶的總結，讀者只要知道：從現在一直到下一個元到來之前（目前~西元2044/2/4），如果人、神位在房間所在的位置能夠吸納到乾氣（收到西北方的來氣，292.5~337.5度之間）、兌氣（收到西方的來氣，247.5~292.5度之間）、艮氣（收到東北方的來氣，22.5~67.5度之間）、離氣（收到南方的來氣，157.5～202.5度之間）則為吉！反之，若收到坤氣（收到西南方的來氣，202.5～247.5度之間）、震氣（收到東方的來氣，67.5～112.5度）、巽氣（收到東南方的來氣，112.5～157.5度）、坎氣（收到北方的來氣，337.5～22.5度）則為凶（＊註）。

而水呢？如果人、神位在房間所在的位置能夠吸納到乾水（收到西北方的來水，292.5～337.5度之間）、兌水（收到西方的來水，247.5～292.5度之間）、艮水（收到東北方的來水，22.5～67.5度之間）、離水（收到南方的來水，157.5～202.5度之間）則為凶！反之，若收到坤水（收到西南方的來水，202.5～247.5度之間）、震水（收到東方的來水，67.5～112.5度）、巽水（收到東南方的來水，112.5～157.5度）、坎水（收到北方的來水，337.5～22.5度）則為吉。而水的收法因為都市中較不常見，因此置於下一篇內容再述。

請讀者先記住這個敘述的結論，至於怎麼收氣，則還是請讀者繼續再看下面的例子敘述。

＊註：以下列出所造成的身體病痛凶應：

收震氣：肝膽、甲狀腺、頭痛作響、手足、歇斯底里。

收巽氣：肝膽、股病、感冒、流產、禿頭、狐臭、中風、乳病、腰酸背痛。
收坎氣：耳朵、腎臟、生殖系統、膀胱、不孕、流產、婦女病等。
收坤氣：腹病、脾胃、精神緊張、皮膚病、不孕、流產、坐骨神經痛、憂鬱。

5、「理氣量測」舉例說明：

例一：如下圖七所示，從屋外以羅盤量測自宅公寓方位後，我們進入屋中量測，若已知房間床頭方為正北方時，則我們在臥房右方枕頭的位置下羅盤，可以測得對外的兩窗戶，方位分別為震方與巽方。因此，若當此兩窗都有開的時候，此時睡在右邊枕頭位置的人就會同時收到外氣「震氣」與「巽氣」；由目前元運我們可知所收的外氣皆為凶，而外氣主健康與財運，因此常睡此床位財運與健康都不會很好。

若我們同時量測內大門與廁所門的方位時，發現內氣同時收到坤氣！依目前元運而言，我們也知道這些來氣都是凶的，而內氣主家庭感情與健康，因此睡在這裡的人其家庭感情與健康也都不會很好。

而健康方面會有什麼部位的疾病？您可參考＊註，我們知道收到震、巽、坤氣會有上述肝膽、股病、腹部……等相關身體疾病產生（並非全部，至少一種）。

圖七：以臥房為例，位於右邊枕頭處收的外氣為震氣與巽氣，收的內氣為坤氣，極凶！

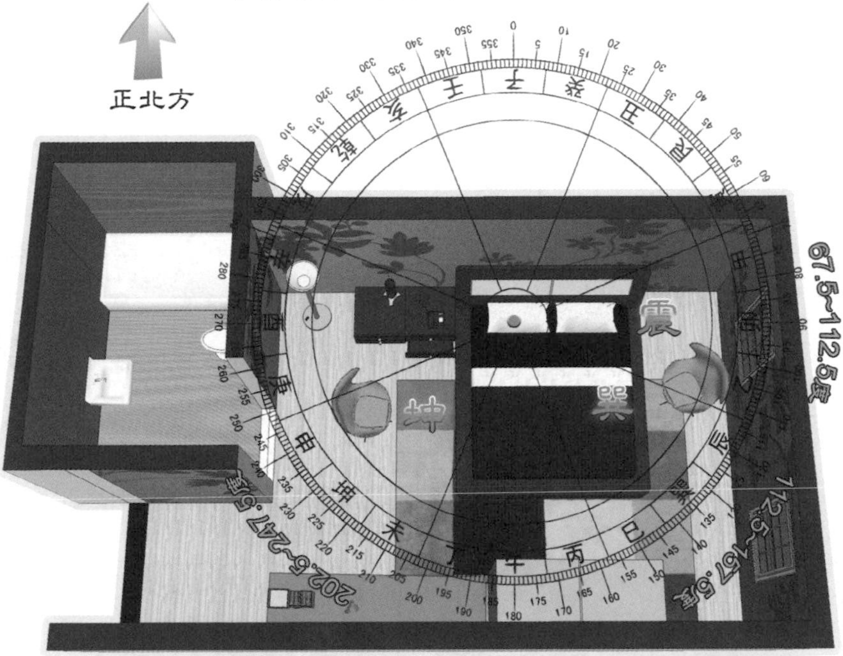

上例的床位不管住宅如何新穎、裝潢如何宜人、床舖多麼的高檔，其風水理氣是很糟糕的，所以當客觀條件無法更動之下（無法進行裝修或移動），則我們會建議這間房間當客房來使用（偶而睡在上面無妨，長期就有影響！）但若一定要當主人臥室使用時，就可能就要進行拆掉裝潢、重新擺床，或是門床改位等大工程了！

因此，房子設計裝潢前，事先加入風水考量，可減少不必要的金錢及時間浪費，更可避開破財、健康受損等等威脅。

例二：如下圖八所示，已知坐向為南北向時。若在書房右邊靠窗的位置下羅盤，我們可以測得對外的窗戶，其方位為兌方與乾方兼具。因此，依目前的元運而言，不管此窗開左邊或開右邊，對於坐在此處唸書、工作的人而言，外窗所收到的理氣都是吉的；我們會建議，人在此處時，此窗應該要常開，以吸納好能量。

但是當我們同時量測內門的方位時，它的位置相對座落於震方，是不吉的方位；因此想要趨吉避凶，此門必須常關或只開一小縫做通風用途。

我相信經由以上我的介紹及舉例，各位讀者已經可以自行量測居

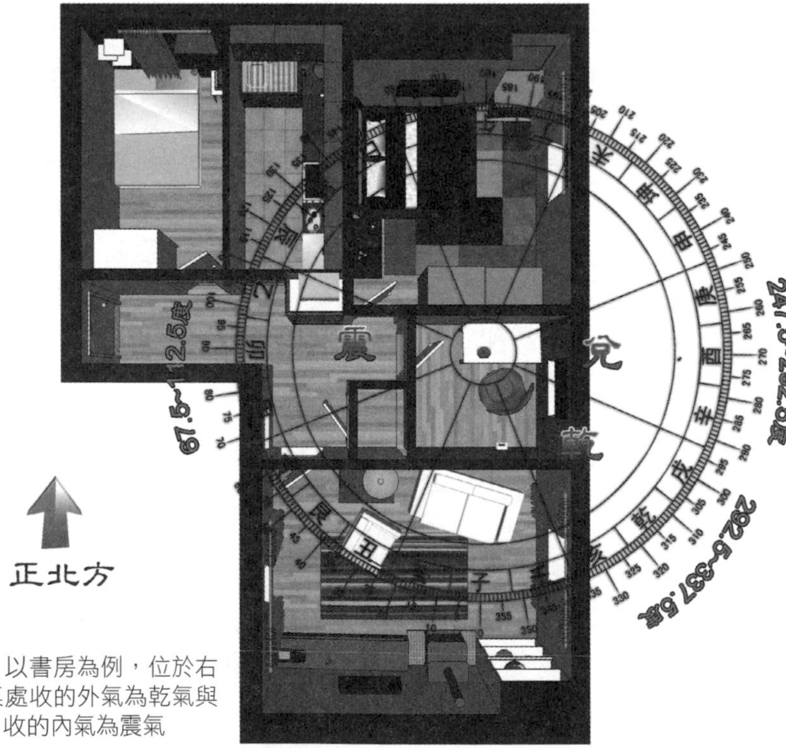

圖八：以書房為例，位於右邊書桌處收的外氣為乾氣與兌氣，收的內氣為震氣

家房間的坐向，進而根據所附之表格，得知您房間、客廳或書房等位置，於目前的元運而言，理氣是吉是凶？如果是吉利的話，則恭喜您，想必您已經從這棟房子得到不錯的感應。若不幸的是凶方的話，那麼您也可以依照本章的方法，將床、書桌等移動到吸納旺氣的位置，或是將門窗移動（只開左或開右邊），以收納到旺方的來氣，轉衰為盛。

所以說，自己動手DIY來改善自家風水，是不是非常簡單呢？看到這裡，您還不趕快檢查一下？或許家人身體長期的老毛病，會終於找到病因呢！也許是家裡理氣風水不佳之故喔！

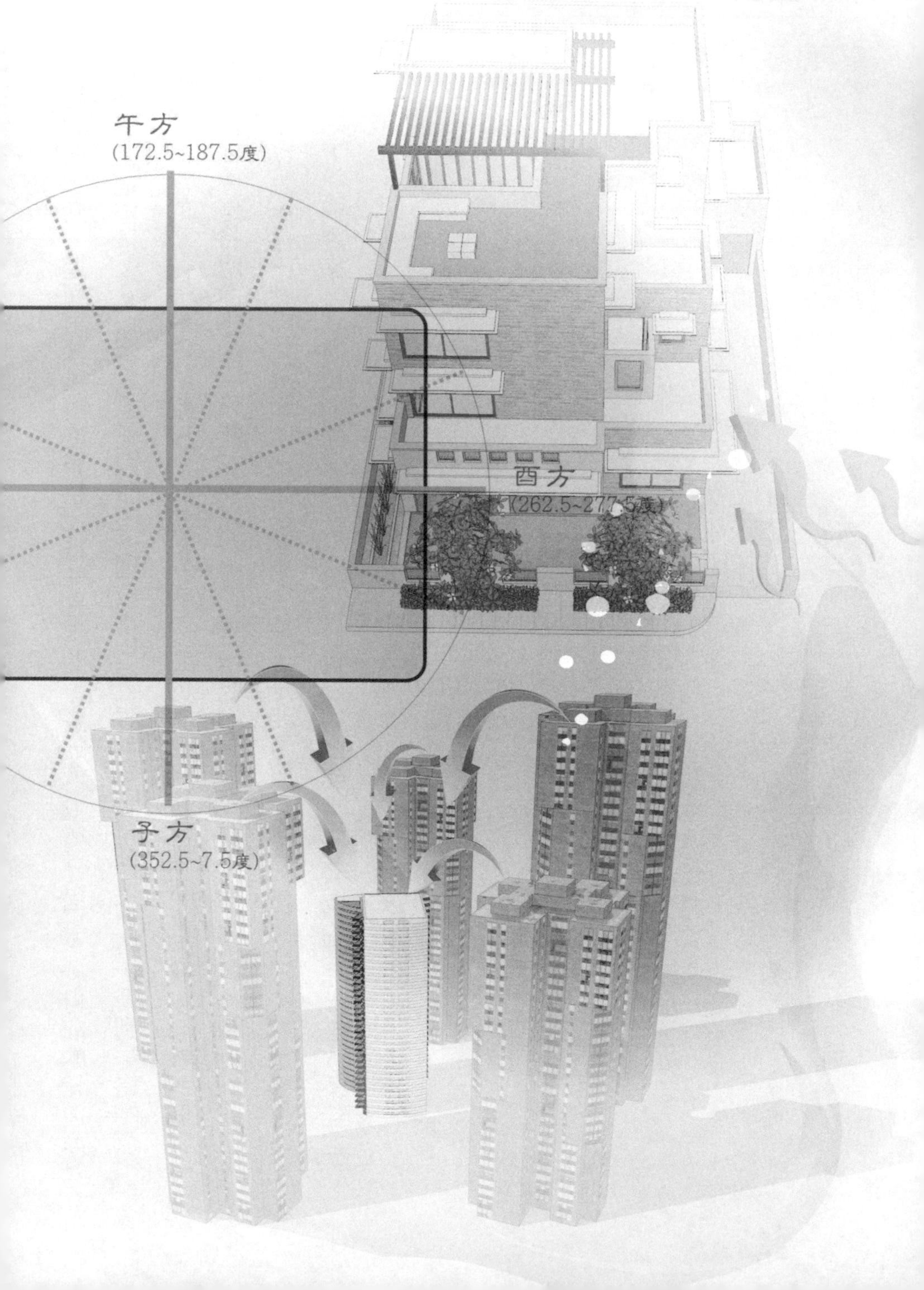
午方
(172.5~187.5度)
酉方
(262.5~277.5度)
子方
(352.5~7.5度)

第參篇　理氣篇之二：非一般情形下的理氣量測

卯方
(82.5~97.5度)

上一篇我們介紹一般住宅的內外氣方位的量法，而因為現今住的房舍大都是公寓式大樓，一般住越高樓層則越不受一般如道路、河流水溝、附近建築物等影響；而且加上很多都為集合社區式的住宅，因此您住家往外看都是中庭，或是對面屋子距離10公尺以上的空曠環境，因此理氣上的量測適合上一篇的方式。但是還是有住較低樓層的大樓住戶（如店面），他們屋宅的納氣會受到道路、社區水池（如噴水池、泳池）的影響，而這影響極可能會使屋子的納氣不同，因此需要分開來論，本篇分成嶠星高樓、水、道路以及空缺處等個別小篇幅來介紹，希望讀者看完後能有收穫。

一、都市中的高樓影響：嶠星的作用

鄉村與都市的樓房看法

鄉村的房子常為透天式住宅，或者是鄰近沒有高樓緊逼，因此其理氣的看法與公寓式建築一樣，通常為一般情形，如上篇所述不需校正。但要注意以下原則：

- 如果是透天屋宅的話，首先要注意是不是四周空曠？因為四周若無房舍鄰蔽，房子受風吹雨淋、沒依沒靠，宅氣易流失而影響宅運，因此要築圍牆來聚氣，甚至圍牆外可以種樹來當二樓以上的遮蔽物。當然樹不可種離屋太近，否則遮住陽光與氣流的進出反而不利。

- 如果透天的房子附近有屋舍但是不密集、不緊靠，則還是要注意自宅的左、右、後方有沒有建物可以「靠」？否則還是要設法圍圍牆或是種樹。
- 如果鄰近有高樓房緊逼或是道路建物影響納氣，則需佐以嶠星、道路、空缺的看法（如路沖的情形，通常氣很強），在本篇之後會有說明。
- 鄉下的住宅還要考慮到水的影響，因為常有灌溉溝渠、水塘在自家附近，所以要注意。但如果只是小水溝、農田注滿灌溉淺水等情形則不需考慮。
- 不管鄉下或都市，都要注意形煞的影響；形煞因高度而有其影響範圍（如電桿，有其一定高度），所以鄉下住宅普遍樓層低，相較之下比較容易被形煞影響到。

而住在都市裡的大樓，因為住宅密集，附近屋宅又每每坐向不同，因此要考慮的情形通常也較為複雜：

- 形煞花樣更多元，比如招牌的光煞、噪音、樓高太高太低、臨樓高壓……等等。
- 高樓緊逼，造成氣流反轉，而需要以嶠星的方法論來氣。若住的樓層較低，造成水、空缺、道路都會影響來氣，乃因都市裡的建物高長，車流也較多，因此氣流影響也較巨，有時吉凶反應比起鄉下住宅更為明顯。

形成巒星的條件與作用

·巒星名詞解釋：巒星其實是高聳的意思，所以高山、樹木、高樓等，於風水上都可以稱為巒星。而巒星有遠近之分，因為近自宅而可以造成迴風轉氣的稱之為近巒；反之，若無法造成迴風轉氣效果的，稱為遠巒。遠巒雖無法造成迴風轉氣的效果，但因為面對如此一個大建物，其來氣是比沒有巒星時還來得強喔！

·條件與作用：

1、鄰近的高樓要包覆自宅，亦即長寬高要比自宅為大，巒星必須要是一個均勻平面、不透氣的建物，如此才能有氣轉、迴風的效果。如停車場這種建築，氣流就可以直接通過，所以不能稱為巒星。

2、遠、近巒的標準並沒有定值；其與自宅樓高、巒星樓高、彼此距離、自宅範圍深淺等綜合因素有關。坊間所謂：「四、五十步內為近，百步以上為遠」並不正確。

3、近逼的巒星雖可以將衰氣轉成旺氣，但是也可能對自宅形成高壓的形煞，可謂吉凶參半，要小心。而一般前高壓的形煞會有：在家待不住、小孩不乖、前途受阻等凶應。而後高壓也有待不住、易生痔瘡等缺點。

．嶠星舉例一：

若有一個高樓樓高15樓（假設每樓3公尺），而自宅住於對街9樓公寓的第5樓，高樓位於自宅的正東方，且形成嶠星（參考嶠星條件）。若此嶠星後面沒有比它高的建物，或是後面的較高建物與此嶠星有距離，且自宅與嶠星相隔一條馬路。例子如下圖九、圖十所示：

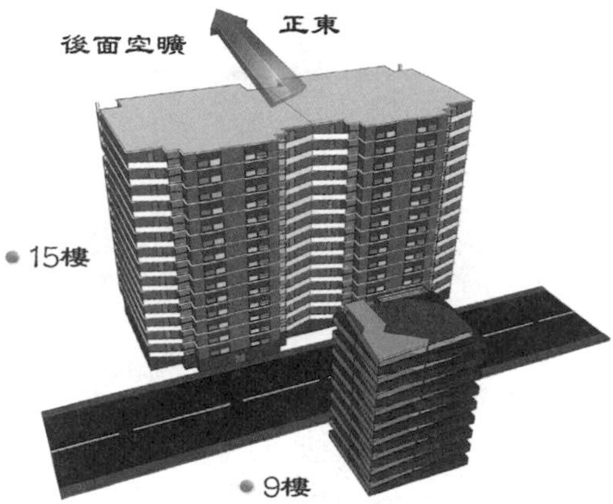

圖九：自宅正東方面對15層樓建築的「嶠星」

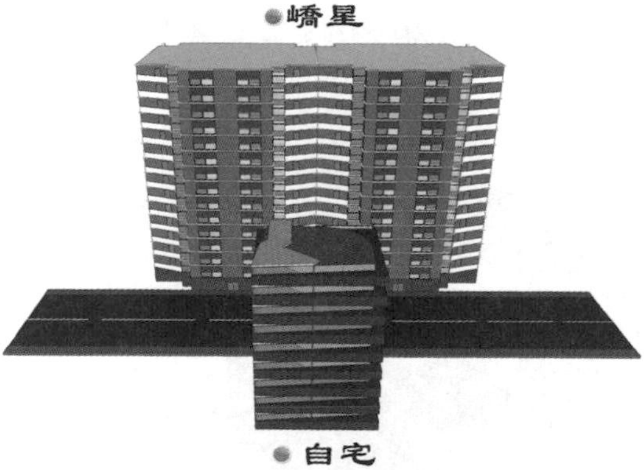

圖十：從另一角度看嶠星

我們知道，一般的氣流若無外力影響下，會呈直線流動，若遇到建築物則會被擋住，或是受其不規則形狀干擾而成亂流。而嶠星的條件為平均且平面建物，因此氣流匯聚的情形，就是造成遠嶠的氣流遠比沒有嶠星時的氣流更為強勁的原因。如下圖十一所示：此例嶠星樓高15×3＝45公尺，馬路30公尺，自宅樓高5×3＝15公尺。因為氣流的流動範圍若無狀況，一般最多會呈45度的走勢，因此以等邊三角形來計算距離的話，當自宅的建物只要是高於15公尺的住戶（亦即5～9樓的住戶），都會收到此嶠星從東方幫忙聚積而來的氣，而5樓以下的住戶則僅僅收到前方30公尺東方的氣，並無法多收到嶠星所聚集的來氣。因此嶠星對吉凶的影響比較快速且強大的原因在此。此外，嶠星威力從9樓往5樓遞減，因為氣流越往下越沒有力量了。

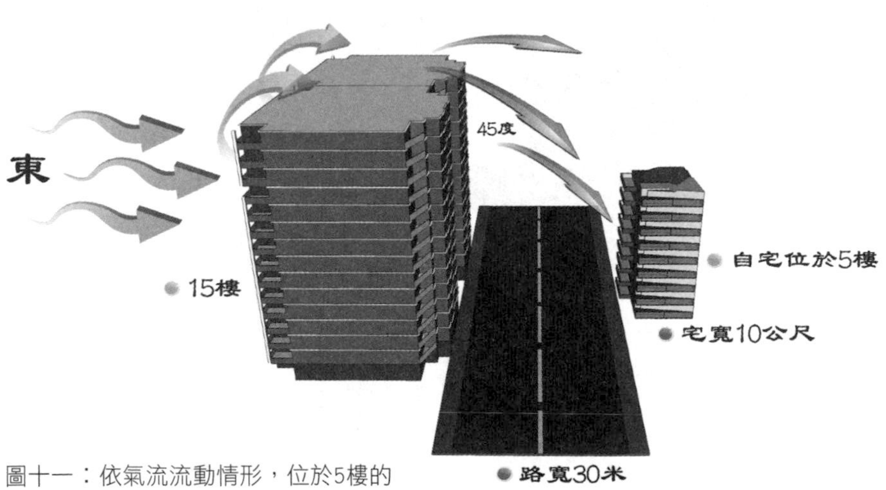

圖十一：依氣流流動情形，位於5樓的自宅可收到東方的來氣

我們知道現今元運收到正東方（震方）的來氣是不吉的，除了財運不佳外，還有肝膽、頭痛欲裂、甲狀腺亢進等疾病，所以若有如高樓嶠星等鄰近建物時，則更應該要小心。

此外，如下圖十二所示，若是高樓樓高更改為只有11樓，33公尺。其餘條件不變下，雖然依公式計算，樓高一樓以上都能收到嶠星之力，但畢竟此樓高只有11樓，因此其累積的氣流並不會很多，所以雖名為嶠星，但作用並不明顯。而且讀者若是眼尖的話，就可發現若是嶠星後面有建物，則會擋住一些從東方來的氣，因此嶠星的聚氣能力也會大為減弱喔。

還有一種情形，就是當嶠星的距離再遠一點，

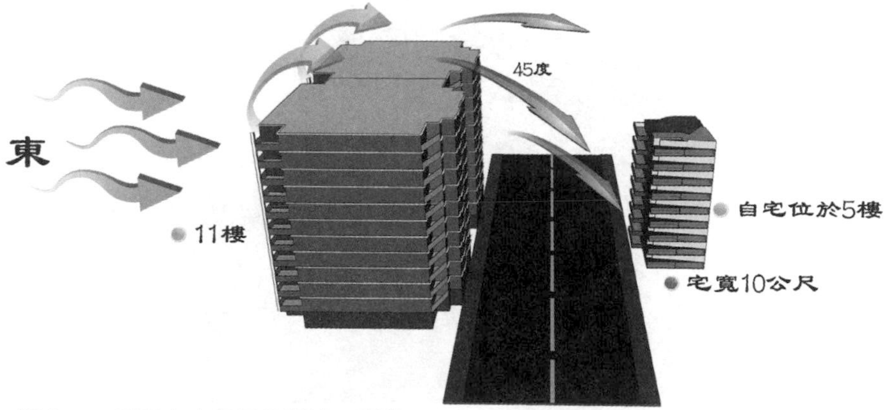

圖十二：嶠星高度與嶠星距離，實與自宅收氣強弱大有關係

如下圖十三所示，當距離的馬路已經寬到50公尺時，雖然嶠星的聚氣還是存在，但因為又多了20公尺的距離，因此氣流強度又被稀釋了不少，不過總體而言，還是比沒有嶠星時收的氣更為強一些。

＊例一因為原本自宅收的就是震氣，嶠星沒有迴風轉氣，只有加強震氣來源，因此以上說的嶠星都是屬於遠嶠的情形。

‧嶠星舉例二：

若有一個高樓樓高18樓（假設每樓3公尺），而自宅住於9樓公寓的第5樓，高樓位於自宅的正北方，且形成嶠星（參考嶠星條件）。自宅後方空曠或是沒有高樓近逼，且自宅與嶠星相隔一條馬路。如下頁圖十四所示：

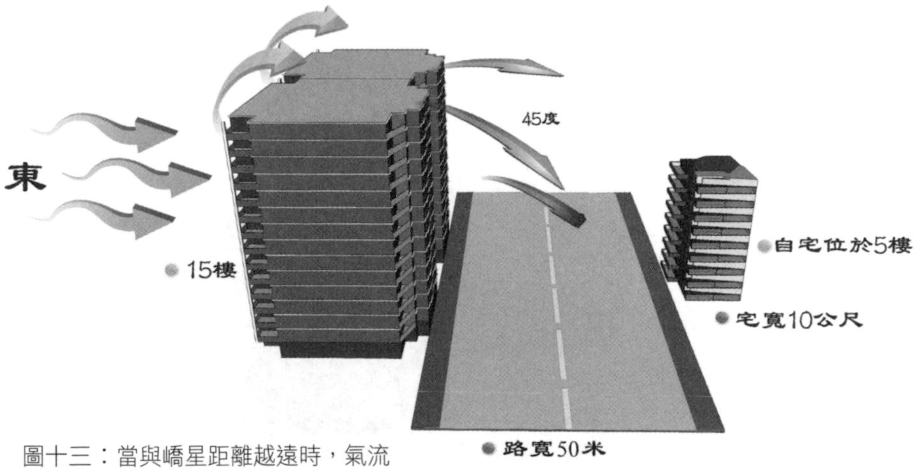

圖十三：當與嶠星距離越遠時，氣流亦有可能被橫向的道路帶走來氣

若高樓後方沒有建物遮擋同例一，但此時兩棟建築間的馬路寬比較近，只有15公尺；因此若是依上述例一所學，我們檢視嶠星所聚的來氣會直接跑到自宅的後方，因此無法影響自宅，如下圖十五所示：

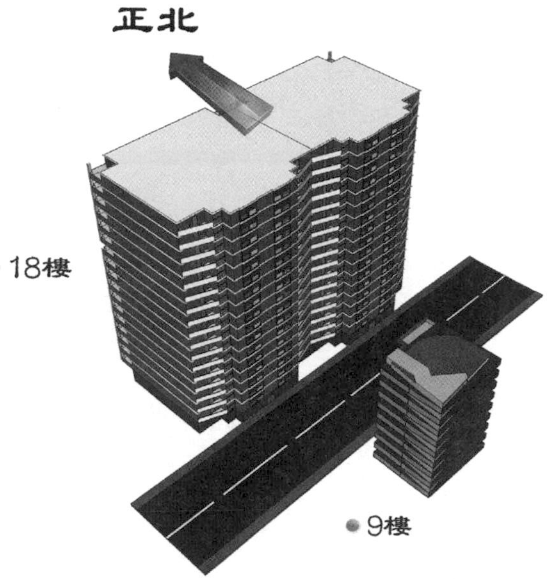

圖十四：自宅正北方面對18層樓建築的「嶠星」

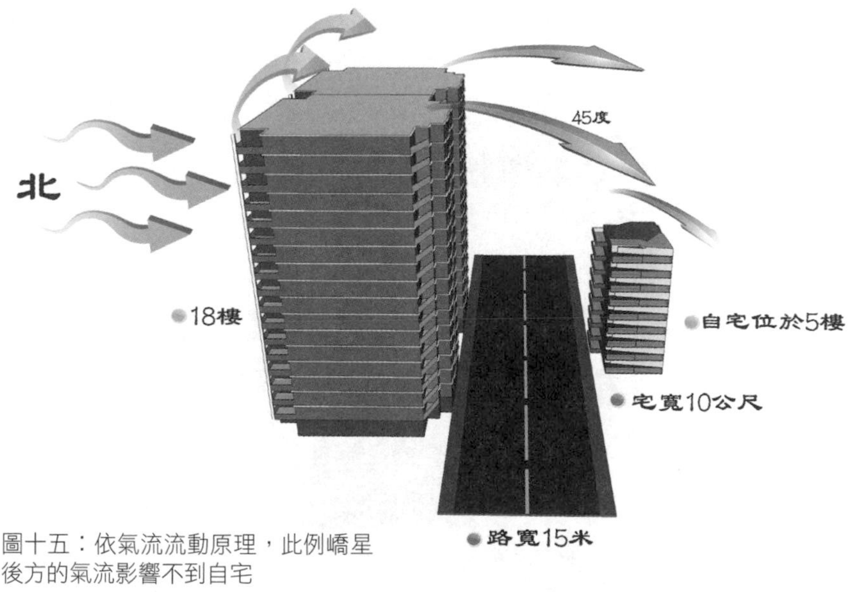

圖十五：依氣流流動原理，此例嶠星後方的氣流影響不到自宅

此時，我們反個方向來看來自自宅後方的來氣，因為遇到平坦又平均的前方嶠星，所以氣流會形成迴風轉氣的現象；因此原本自宅要收到正前方（北方）的15公尺來氣，但反而收到從後方（南方）迴風而來的旺氣，如下圖十六示。

因為符合近嶠的條件，因此自宅本來要收到目前為衰方的坎氣（正北來氣），而改收到當旺的離氣（正南）。原本外氣收坎氣會有財運不佳、腎臟、耳朵、不孕……等問題，但現在則可以有財運旺、小孩聰明讀書運佳……等吉運；如此一正一負下結果就差很多了！

讀者可能會問，這個例子的自宅有沒有收到前方15米的北方來氣？理論上是有的，只不過迴轉的南方來氣較密且強，因此此宅判斷還是收到離氣，而且離氣很強。

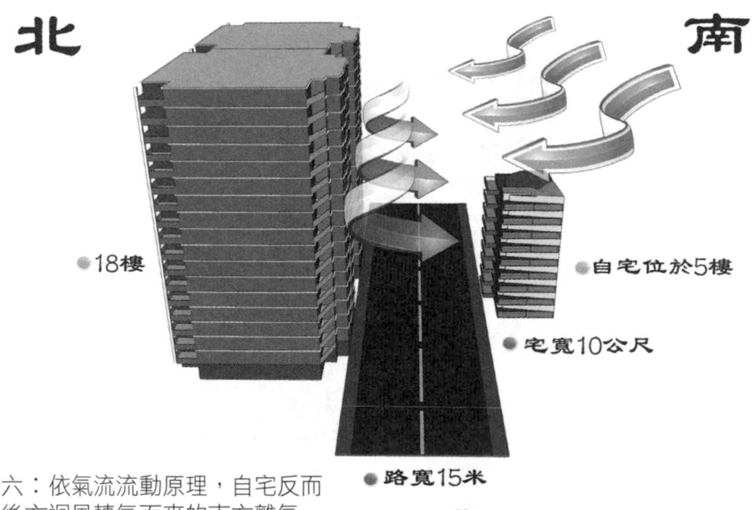

圖十六：依氣流流動原理，自宅反而收到後方迴風轉氣而來的南方離氣

希望能以以上兩個簡單的例子，說明當自宅遇到高樓嶠星時，能判斷是否為近嶠或是遠嶠，進而求出自宅吉凶。現實情況下，當然也有同時面對到兩~三個嶠星的狀況，而這些嶠星又需要判斷是否有用，或是各為遠嶠或近嶠，基於篇幅，我們就不多介紹了，讀者可以依內容自行思考之。

雖然本文裡頭藏有一些訣竅，但我實已點出嶠星的思考方向了，若讀者還有興趣或疑問，歡迎加入本門風水的學習行列。

二、快速反應的水、反衰為正的水：水的作用

理氣上水的作用

於化學觀點上水具有極性，再加上其性屬柔，所以能接納各式形態融入其中，具有如同電腦的0與1的龐大記憶功能。所以據研究指出，水本身的結構具有能將物質與能量之間的訊息累積、傳遞、轉換的功能。也因此地球上的水真是上帝的傑作，一些電影還拍出外星生物為了水源來侵略的橋段。

風水上氣與水是兩個重要的基本元素，事實上水若能發揮作用，其發福、發凶的速度與程度於一般情形下比氣還強；因此被稱為三元派的法寶。

先前的章節有說過，風水中水的功能是迎氣、界氣與吸氣，其個別解釋如下：

- **迎氣**：如同一條河流會將氣流沿著河流方向帶走，因此若能收到河流流過屋宅中線、不直射而來的水，則稱為可收到「逆水」，其實是指收到帶來的氣流。而流過來的水最好是彎曲形狀，因為水有彎曲表示地勢平緩有遮，水流不湍急。水流不急，又因地勢關係引氣入宅，水為財、外氣也為財，不急之水財也才能留得住。
- **界氣**：古籍《葬經》的開場白：「氣，乘風至、界水止。」因此水的另一個功用是能擋住來氣，

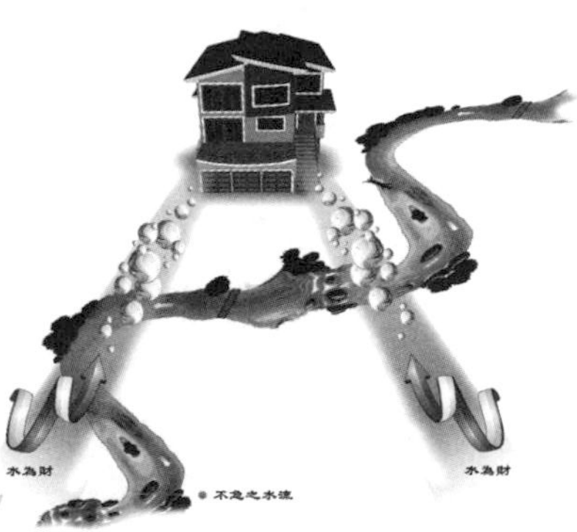

圖十七：水彎曲流過屋宅中線，所以此水能為我所用

圖十八：住家前因為有泳池，所以可以阻擋該來氣

達到界氣止氣的功效，因此若衰方有一條大水溝，則從衰方來的氣就會被遮擋，如此就不能為害了。當然，能達到界氣、止氣的水，其大小也有限制，如果水太小，則稱為「細水不關風」，還是不能有界氣的效果喔。

‧**吸氣**：水還有另一個功能是吸氣，吸氣就是吸收能量，所以水附近的溫度比較低。舉個例子，如下圖十九：比如說屋宅東方有水池，則水池的功用不只是界住東方的來氣，而且還可以吸引西方的來氣，讓屋宅收到西方之氣。因此這個功能就可以有「反衰為旺」的功用，我們需將目前元運的衰方放置水的話，就可以收到對方的旺氣。這也是風水上所謂：「山上龍神不下水，水裡龍神不上山」的真正含意；此話中的山引伸為氣，而水與氣是能呈現相反結果的，所以不可混在一起。也就是說，我們要收到旺方的來氣，要收到

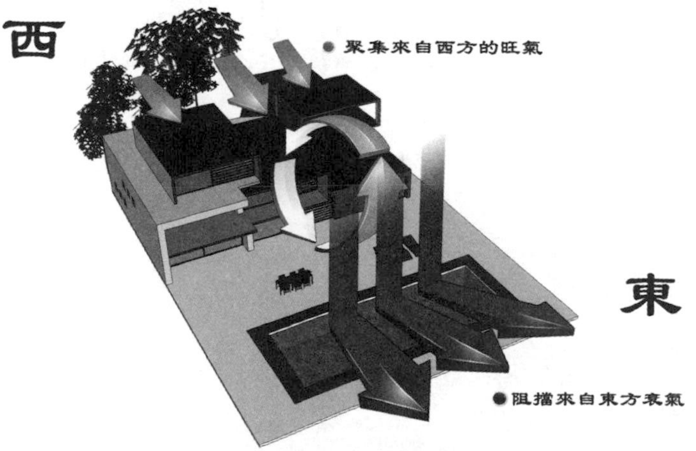

圖十九：屋宅收到東方之水（震水）與西方之氣（兌氣），理氣大吉

衰方的來水。

‧**原則**：水的大小、方位與屋宅距離對於吉凶有決定性的影響，因為：

1、水太小沒有辦法攔風聚氣，則此水為沒有用之水，稱為細水不關風。

2、水與大氣沒有接觸或看不見水光之水，也是沒有用之水，如室內泳池。

3、水距離太遠，則其聚氣、界氣能力不明顯；但水若是太近屋舍，則可能成為割腳水，反而不吉（見形煞篇）。因此一般大樓若住較高樓層，則一樓的水池是影響不太到的。

4、而位於房舍量測時發現水太大，超過兩個卦位大小，這時就有「水雜」的現象，依目前元運除非是位於東方、東南的這兩個卦位是適合擺水的位置，否則通常超過兩個卦位都會雜到衰方的水，都是不吉的，水雜至少就有犯桃花的現象；所以江南才子多風流的原因即在此。

5、目前元運（～2043年）水擺在巽卦、震卦、坎卦、坤卦範圍是吉利方。但若是在其餘方位則是不吉的。茲列出收到衰水時身體上的疾病狀況如下（症狀至少有一）：收到兌水（247.5～292.5度）：口、喉嚨、大腸、呼吸系統、花柳好色、兔唇、牙齒。

收到乾水（292.5～337.5度）：肺病、頭部、心臟、大腸、骨、腦充血等。

收到離水（157.5～202.5度）：眼睛、血液、燙傷、皮膚、藥物過敏、心臟等問題。

收到艮水（22.5～67.5度）：鼻病、手腳、駝背、脂肪瘤、結石、脊椎、關節等病痛。

而若收到旺方之水則有發財、出文士科甲、添丁等吉相，依各卦位而定。

6、若為雜水時，吉不現但凶象會出現，如同老鼠屎掉到一鍋粥中，粥因此就不能喝的意思一樣；如屋旁有大水池，佔了乾、坎兩個卦位。則原本收坎卦的水理應會發財、發科名，但是雜到衰方的乾卦水，因此除了不會發財外，還有呼吸系統、大腸……等毛病。

7、一般風水派別對於水流來處、去處很重視，但本派特別重視水於水流的轉彎處、聚成潭池之處，其吸氣的力量會較強，對理氣影響較大。

8、此外，水還有「零、正、催、照」的訣竅，四種用法都能將水的功用發揮出來，但此為較深

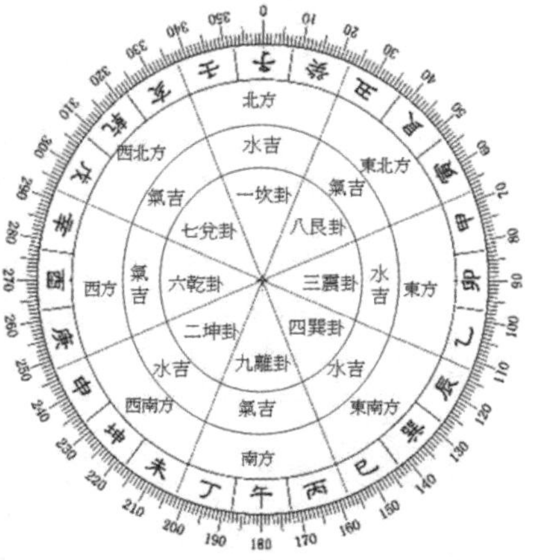

圖二十：目前元運下，氣與水的方位吉凶

的部分，讀者只需記住水與氣的功用相反，因此水與氣所擺放的方位也要相反即可！

水的形狀、形家

除了水的用途外，水的形狀也會影響吉凶，其中含有地形地勢或是所謂「有形有靈」的因素。在此將水的形狀吉凶列出，以饗讀者。

- 水不可有八字分流，主犯桃花。屋宅若有八字水、反跳水（反弓），則主人心不合、犯桃花、離鄉背井、損財等凶應。
- 水直射屋宅，就算是旺方來水，也有意外血光、財來財去等凶象。水直去比水直來更差，非但不發財還破財。
- 水形彎曲、金形（圓弧形）之水可以催官貴，但需小心屋宅位於彎曲的反弓之處。
- 屋後是河流、水池稱為龍脈低陷（因為地勢凹才有河道、水池），主生女多（求男丁困難），而且後方地勢凹陷也主無後靠、無主見、犯小人。
- 有句話說：「高一吋為山，低一吋為水」，因此坊間有以馬路當作水的論法，這種論法並不恰當；因為馬路所引進的氣流、車流都是屬於空氣，並非水氣，因此不能當水來論。

- 「斜飛水」指的是有一河流斜斜的流經過屋宅附近，因為這種水沒有繞經過屋子的中心線，因此此水不能為我所用。又若水往前出去，則表示屋宅前方地勢較低，所以自宅的宅氣、財氣外洩，造成損財、離鄉、官司等凶應。
- 承上，水流經過屋宅左邊表示左方低陷，而左邊代表的是男主人、長子運勢低、身體差；同理，右邊表示女主人、小房的運勢、身體等狀況。
- 水流經過屋宅周邊時，橋不可直沖、側沖、後沖屋宅，這種形煞稱為橋沖，其凶性形同路沖一樣，但若是橋比屋寬，則橋沖不成立。
- 屋宅離水太近則稱為割腳水，不吉；此於之後的形煞篇有更多解釋。

水的應用與例子

再看過水的水形與理氣的敘述，我們在最後舉兩個例子，來總結風水上「水」的用法。

例一：一般都市中常見的河流旁的房子，其房價都不斐，晶圓代工龍頭張董事長就住在大直的「水岸第一排」，我們納悶到底有沒有水的作用，要不張董怎麼能日進斗金呢？我們來看看：依地圖上來看基隆河寬約100公尺，而張董住處離河約200公尺，我們不知道他住哪個樓層，不過依水的原則來看，低樓層會被其他建物遮住，看不見水光，因此沒有用。而若是他住的是高樓層看得見水呢？以河流大小與相對距離來說，水的影響已經很薄弱了，再加上住於高樓層的關係，水氣往上又被空氣所稀釋，因此此條河流可說是毫無影響。就算是離水邊最近的一排房子，其距離也約為130公尺，低樓層或因堤防的原因看不見水，高樓層的距離又更遠（斜邊長為樓高與距離的平方相加開根號），因此也沒有收到水的功用，更何況此段地皮並不位處於水的彎曲、轉彎處，因此水的作用又更不明顯。

＊一般豪宅門窗緊閉開空調，水氣、氣流更無法登堂入室，因此外氣的理氣無從影響起。

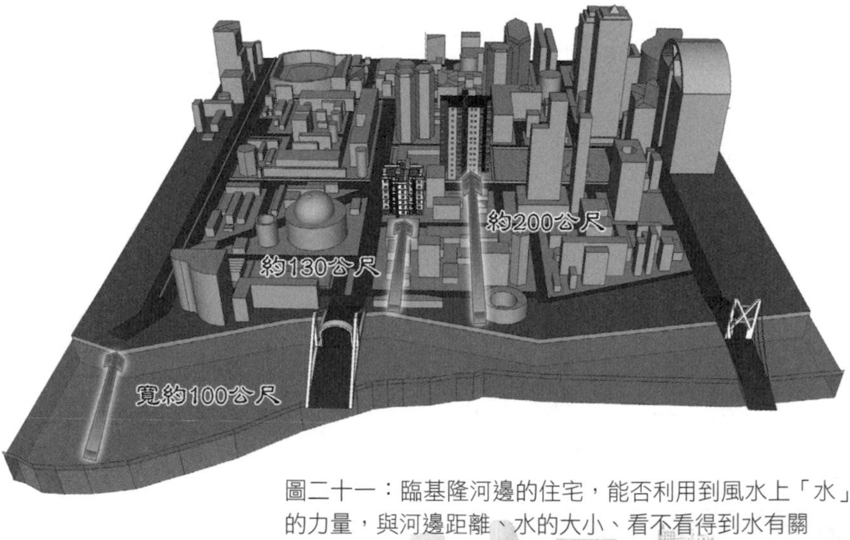

圖二十一：臨基隆河邊的住宅，能否利用到風水上「水」的力量，與河邊距離、水的大小、看不看得到水有關

例二：台北X悅飯店的大廳曾經請黑教密宗大師畫了兩張很大的符，為了鎮鬼、保平安；而一些入住的外國人還以為這對符是中國書法藝術呢！因為此地於日據時代槍決了不少人，因此「不乾淨」之說從不間斷，而據說正對著飯店大門的五個半圓形噴水池，還有天花板上的九宮八卦，功用皆是在化解煞氣、鎮鬼用。其實以我們三元的風水看法，此飯店面對北方，又建以凹字形的建築，因此不當運的坎氣（北方之氣）滿收，要轉衰為正的方法只有蓋一個水池在正北方，如此收到的是坎水而不是坎氣。而當我們以實際比例來看，其水池的大小的確能阻擋坎氣，而且兩旁的當旺乾氣與艮氣都沒有遮住，所以這樣子擺水的方式真是美觀實用又不漏風水的痕跡。難怪該飯店一直在台北飯店圈內有執牛耳的地位。至於這樣的風水擺法跟鬧鬼、鎮鬼有沒有關係？其實應該是沒有多大關係的，我們這樣說：「就算不鬧鬼時，也應該要採取這樣的擺放方式，否則生意應該不會太好！」

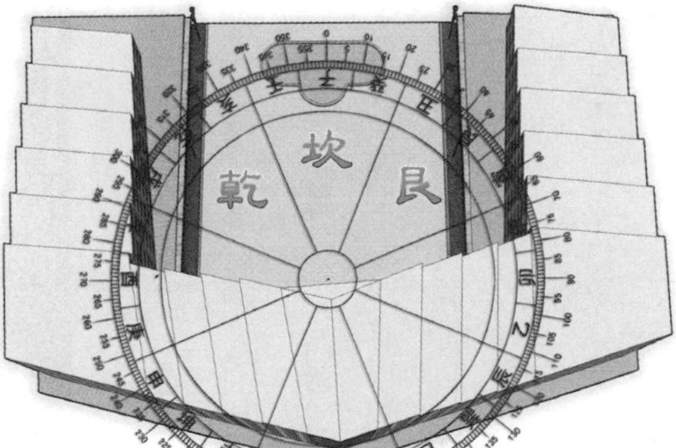

圖二十二：某飯店與其水池的方位示意圖

三、空缺處來氣的力量：道路與樓房的位置關係

一般風水不管是何派別，還有一些重要的訣竅，諸如砂手（高起之物，可以改變氣流方向）、來龍、來水消水、關鎖……等等。但是其絕大部分都與陰宅有關，因為陰宅著重結穴之氣（土質溫暖、質地佳），高不露風、低不受水（氣聚、氣專一），要注意山脈來勢與方位、水流勢與方位（排水好）……等等。因為陰宅看的很細，有些又得配合其擇日的吉課，因此可用的分金幾乎只有1～2度的範圍；因環境不同、時間不同、坐向些許差別等，陰宅可說是很難複製、獨一無二的穴位。

而陽宅比較注重的是土表上的來氣吉凶，因此現今的住宅中會影響來氣的因素，有例如交錯的道路（氣的方向）、鄰近大樓或其他建物的影響（嶠星或砂手因素）、臨山邊水邊的吉凶看法等等。若以目前多變的居住環境而言，以古法論之，幾乎很難避免「共盤」的現象，而造成吉凶因而不準的狀況；如以玄空飛星派而言，只要房子建造時間、坐向固定，則其吉凶就已經固定了，那麼一般建商統一搭建的「販厝」或是公寓大樓，同坐向的屋子其排出來的玄空盤一定是一樣的，因此吉凶狀況應該都是一樣的，可是事實上並非如此。在這裡我們要討論除了嶠星、水之外的另一因素，就是道路、缺口引氣等看法，加上

了此節的知識，相信就能解釋以上共盤出錯的原因了。

缺口引氣：山區與平地的樓房看法

我們不妨想一下，當我們健行於山區之中，山與山之間的缺口處總是會吹來極強的氣流；而場景移動到都市之中，當我們騎車或步行經過兩棟大樓中間的缺口時，強烈的風幾乎讓人車站立不住……。這是極為自然的物理現象，因為原本應為四方流通的氣流被四周的山、大樓所擋住，所以累積的氣流會沿著缺口傾洩而出。

有點像先前所提到的嶠星原則，因為山與大樓等突起的物體擋住又聚集了氣流，所以此缺口的氣流非常的強，建築物的納氣因而受此因素影響很大。

以下我們以圖例搭配說明的方式，跟讀者們介紹山區與一般平地住宅的缺口納氣看法，相信幾個基本的例子看完後，您的觀點一定會全然一新！

圖二十三、二十四：氣流會沿著缺口處流出

‧**山區例一**：在山區的房子，我們要看的重點如同剛剛所講的，要注意房子位於山缺口的何處，則該缺口就會決定房子所納之氣的來向。如下圖例子，房屋位於山缺口的附近，這樣的屋子因為缺口的氣流而決定其納氣為東北方的艮氣；而因為缺口氣強，通常不管大門開的方向為何，整棟屋子的納氣就已經固定了。當然此開口若大到超過卦位，或是剛好為兩個卦位的交接處，則自宅就會收到雜氣，此時則以所雜的卦位來論吉凶；當然缺口若較大、山勢較低時，其缺口氣流也較為和緩，其吉凶現象就較為緩和。此外若自宅離山太靠近時，可能要考慮到嶠星、高壓的現象發生。

圖二十五：山區缺口為東北方，自宅即收到東北來氣

‧**山區例二**：若山區裡聚有水池在房子鄰近，則還要參考前章關於水的內容，如下圖二十六例子，房子西方有水不吉，但東北納氣為吉，因此此屋的納氣為吉凶參半之房。而下圖二十七的例子，若此時房子為大樓型住宅，且住戶住在高樓層，或是水

池距離稍遠沒能影響此宅，則此屋僅論收東北缺口來的吉氣，而不論收到衰方之來水，因此此屋納氣為吉。

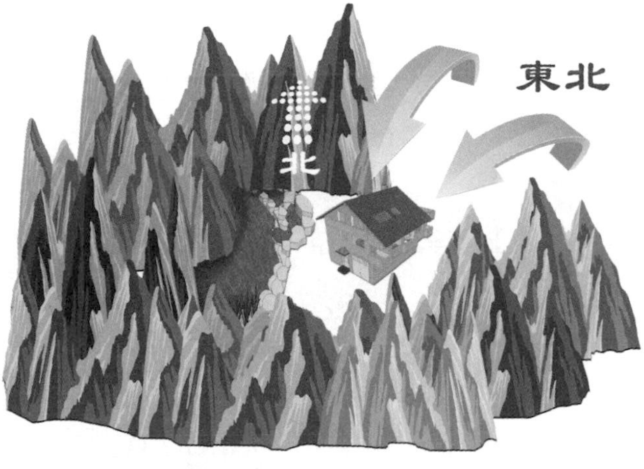

圖二十六：山區之屋常見之山與水並存的情形，此時缺口進氣與水的功用皆要論

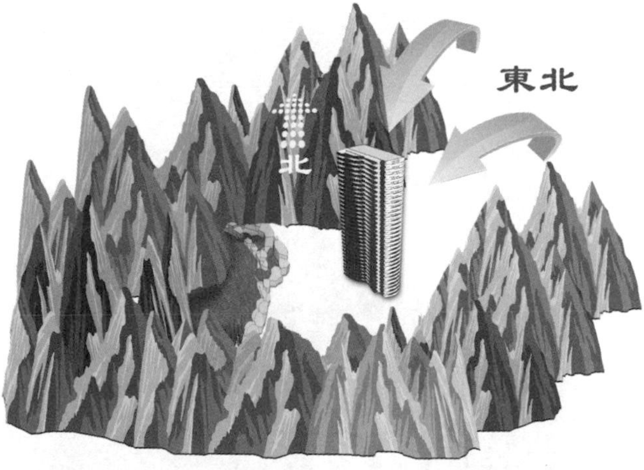

圖二十七：水的影響與距離有關，因此若水範圍不大時，位於高樓層是收不到水氣的

．山區例三：若山區建有集合式住宅，被他宅擋住缺口來氣，而自宅的高度又沒他宅高時，此時東北方缺口來氣就對自宅沒有影響了，如下圖二十八所示。此時就不以缺口論來氣，若他宅逼近高壓則可能以嶠星論法，或是以第貳篇的門窗位置的一般論法，視當地的狀況、相互距離而定。

．平地樓房的看法：

平地樓房看法與山區的原理類似，只不過遮擋、圍住的砂手突起物不是山脈，而是樓房。

我們先以最常見的「販厝」論之，如下頁圖二十九的例子：兩排的建物隔著一條馬路，在大門為全開式，且不構成嶠星（樓不高，或是建物凹凸不平不對稱，或是屋子背後有建物擋住……等情形）的前提情況下，我們來看個別屋子的納氣情形。因為前方沒遮攔，因此A與H皆納正北方之氣，八運時坎氣當然為不吉的氣。B與G位於缺口的位置，因此個別收到西北（乾氣）與東北（艮氣）之氣，皆為吉方；當然艮為

圖二十八：當缺口被擋時，其方的來氣也被擋住了

當運之氣，比起乾氣更是吉利。至於C、D、E、F宅都是收到馬路寬度的北方來氣，也是不吉，但是沒有比A、H的坎氣收得深長，因此凶性沒有A與H來得嚴重（外氣為財運與健康狀況）。

至於邊間的a與f宅，因為東南邊缺口及西南邊缺口的氣無法到達兩戶的正門（一般流動於45度範圍內），因此a與f宅收的氣為馬路寬的正南方離氣，與b～e同。

因此若是單純以理氣的選擇，我們可以選a～f與B、G等宅；其中尤以G宅收納深長、當運的艮氣為最佳選擇，a～f離氣次之，B宅過運但仍當旺的乾氣又次之。若不幸住到C～F宅，則只是比A、H宅沒那麼衰而已。

由此可知，同時建造、同坐向的房子也有吉凶差別，玄空、紫白等統一的風水盤看法不一定適用（我想以前農業社會應該是適用的，因為沒有蓋的如此近又

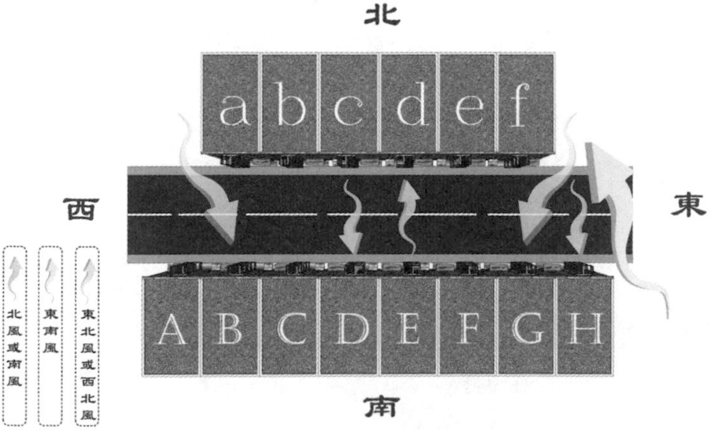

圖二十九：各屋納氣情形不同

高），因此選房子不得不注意小心啊！

都市中的道路看法

本章的應用範圍其實不只限於都市中，鄉村住宅若有符合本章內容原則的，都可以做舉一反三的運用，讀者不必受限於此章所下的標題。

於陽宅風水上，道路的用途有做為「引氣」與「界氣」之用，不需被專有名詞嚇到，這其實都只是物理現象的結果，讀者請跟著看下去就能明瞭用法了。

．引氣：與缺口的看法一樣，馬路視為一群建築物中的缺口，因此氣流就從缺口處影響自宅。如以下圖三十例來做說明，自家隔著一條橫向馬路，而直接對著一條更大的馬路。在屋宅前方的直沖馬路的周遭皆有高樓情況下，氣流只能從前方（南方）而來，因此自宅收到的是南方離氣。

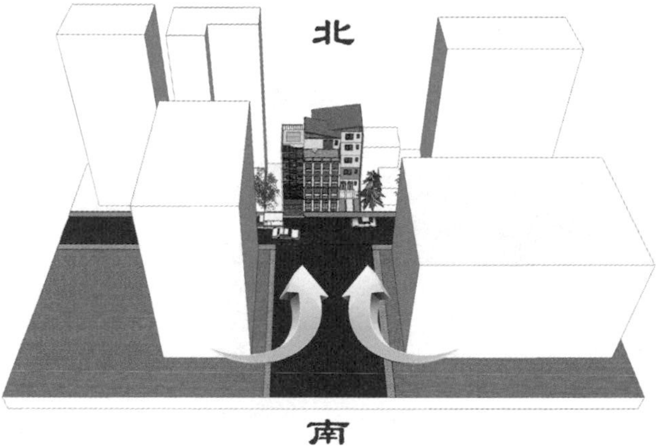

圖三十：直沖之道路視為缺口，來氣專一

此外，雖然道路是給人車走的，但不要看見道路就一定要視其為引氣的來源。

我們舉以下圖例所示（圖三十一），當自宅於空曠處建屋，屋子周遭有馬路A、B與C，那麼究竟自宅所收的外氣是哪個方向呢？依照理論，因為馬路C的位置已經超過了自宅收氣範圍了，我們可能會猜想不是位於西南方馬路B帶來的坤氣，就是前方馬路A寬度的南方離氣吧？

在說明答案前，我們要先知道，「風水」說的都是大自然中氣流與水流流動的法則。而馬路是人為所設立，目的是給人、車方便並有所依循的路線，所以您以為大自然的風會乖乖的跟著馬路的方向走嗎？所以，在此一片空曠的環境中，自宅是會納到前方很深長的離氣，遠超過馬路A的寬度。當然馬路B上的人、車行進時所帶來的氣流也會有些許影響，但時間與效果上畢竟不大，可予以忽略。

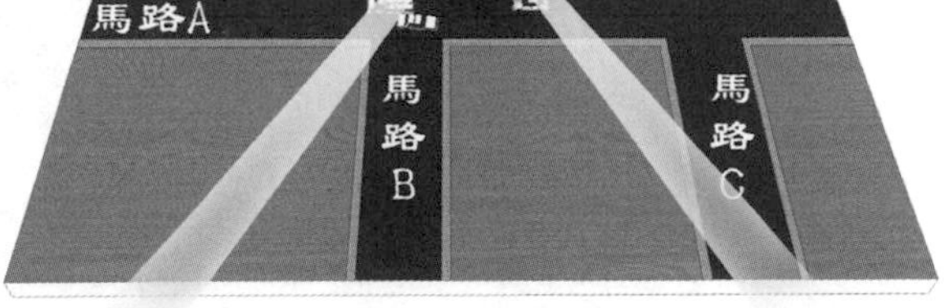

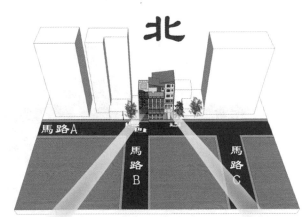

圖三十一：氣流並不會乖乖的沿著馬路而走

但若如下例圖（圖三十二）所示，馬路周遭種滿樹木時，此時就可以論自宅收到馬路B的坤氣，因為氣流被樹木遮住了，只能沿著空缺的馬路行進；當然樹木種植稀疏或是秋冬落葉很嚴重時，還是有可能收到稀疏的正前方（南方）離氣的喔！

此二例情況常見於鄉村或是待開發的郊區，我相信讀者應該很容易能找到這種例子。

・**界氣**：如下頁圖三十三的例子，若是自宅前方橫向馬路很寬、車流很多，而斜沖而來的馬路不寬，且兩旁高樓有缺口或是不平整、樓高不高等情形（亦即西南方馬路聚氣不多，氣因地形而散或是被凸出物遮擋住）。則此時橫向的馬路就可以達到界

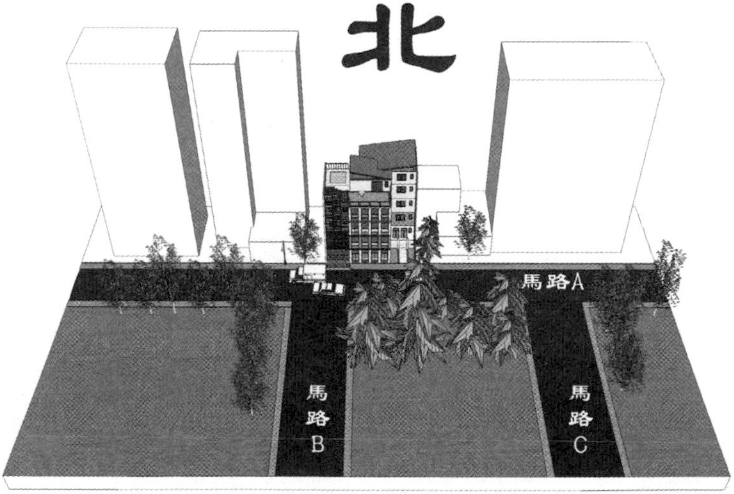

圖三十二：臨林蔭大道的屋子，因為樹林遮住前方來氣，而此時馬路反成了缺口

氣的目的，亦即將西南方的氣帶走，而此時自宅收到的氣則為自宅到A樓間馬路距離的南方之氣（離氣），並非收到氣流不強的西南方坤氣。

當然自宅前橫向的馬路兩旁也要有幫忙聚氣的建築物，否則橫向氣流一樣也會散掉，其強度無法完全界除、帶走對於斜沖而來之坤氣，如此自宅還是有一點收坤氣的嫌疑喔！

解釋完道路的兩個功能後，我還想再加強讀者有關於道路、環境的觀察，增加讀者思考的寬度。

我們續上圖的例子，若自宅為公寓式建築的3樓，而前方的A樓為兩層樓建築，則從自宅落地窗往外看是一片空曠的，氣不會被前方A樓所

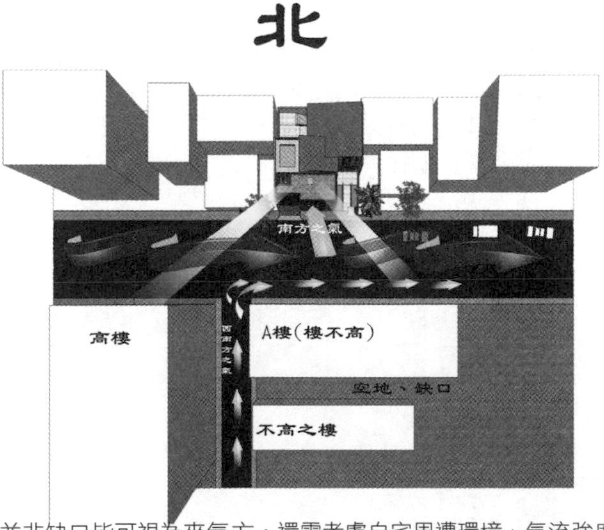

圖三十三：並非缺口皆可視為來氣方，還需考慮自宅周遭環境、氣流強度有無影響

遮住，因此自宅收到的南方離氣十分的深長，並非只有橫向馬路距離而已。同理，若自宅為3樓，而A樓變為10樓左右的住宅，那麼此時就必須考慮到自宅大樓高度、橫向路寬，看A樓能不能成為嶠星？或是A樓後方氣流可否橫越A樓，讓住在三樓的自宅收到深長的南方離氣？亦或是自宅收的還是只有橫向路寬的南方離氣？

讀者看到這裡，就可知道陽宅的理氣吉凶從來就不適用以一個統一的論法來套用於所有情形，山邊、水邊、高樓、道路……等等周遭環境因素，都會影響房子納氣的最終情形。因此誰說陽宅風水是一門不精確或是迷信之說呢？

不同樓房、樓層之間的看法

在不考慮高樓嶠星、高山、水等因素下，此節我們針對馬路、缺口的狀況做說明；不同樓房吉凶也許不同，但是就算是居住於同棟樓、同坐向的不同樓層，甚或是同樓層左右邊不同，其吉凶也可能是彼此互異的。此節我們將利用舉例的方式，將此篇幅做一個總結（本節不考慮形煞，只針對納氣造成的理氣好壞來論斷）。

・同樓、同坐向、格局也相同，但不同層，理氣吉凶不同的例子：

如下頁圖三十四例，自宅是樓高6樓的公寓大樓，面臨約15米長的橫向馬路A，與由西南方直沖而來的一條10米寬道路B，此道路兩旁建物整齊。以下我們只討論被B馬路影響到的部分（以大樓為中心往外看出去的右半側住戶，即圖中的紅色虛線框部分）。

我們依序來看每一層樓的納氣情形。一樓常因為車流因素，道路引氣造成的影響一般較為明顯，但也可能因為一些外在因素而有些微變化，諸如A大樓一樓店面違建凸出、招牌遮擋……等。

我們假設為一般情況下，自宅1

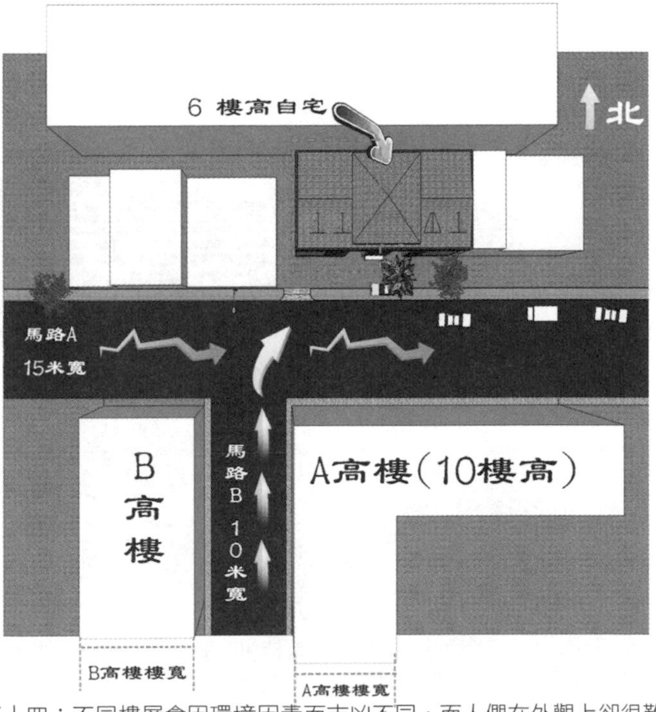

圖三十四：不同樓層會因環境因素而吉凶不同，而人們在外觀上卻很難看出來

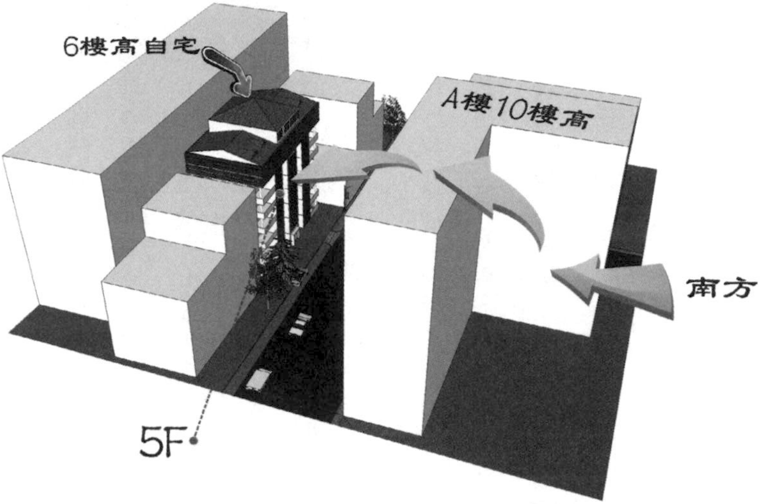

圖三十五：翻過前方樓層落到自宅的離氣

6F：A樓後方無遮蔽，納氣為南方離氣。

5F：視A樓寬與B樓寬而定，納氣為南方離氣。

2～4F：納氣為西南方的坤氣，少了車流影響，納氣較1樓強。

1F：道路A與道路B寬度相當、氣流強度也相當，無法界住來自西南方的坤氣。納氣為西南方的坤氣，因受到車流或招牌遮擋，納氣稍微減弱。

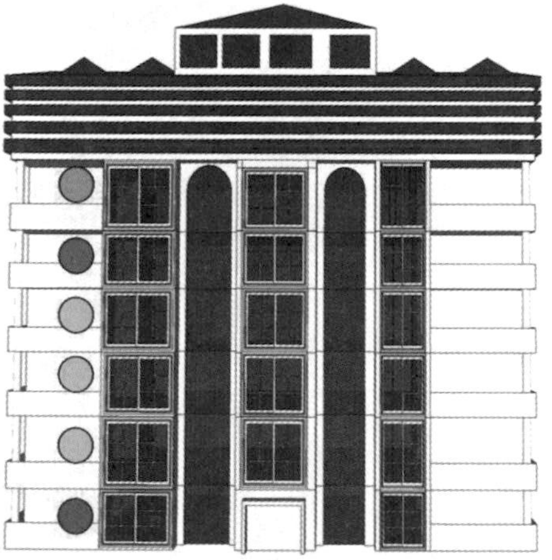

圖三十六：總結上例各樓層的納氣結果，這就是同樓、同坐向、格局也相同，但不同層，其理氣吉凶不同的例子

樓住戶的納氣應為西南方的坤氣，原因是因為A樓擋住後方南方之氣，而15米道路A無法界住直沖而來的10米道路B的氣流，因此坤氣還是相對很旺盛。

而二~四樓住戶呢？理論上也是跟一樓一樣，坤氣旺盛，只不過會比一樓少了些因車流帶來的氣流。

至於五樓住戶就較為複雜一點，我們就必須考慮其他因素如A、B樓寬、吊掛的招牌等等。因為橫向馬路路寬為15米，而A樓為10樓建物（約30米），因此A棟樓後方的（南方）氣流是有可能橫過A樓直落五樓範圍（如右頁圖三十五所示），而這樣深長的氣流很旺盛；所以此時若是A、B樓寬不寬的條件下，則聚入B馬路的氣流也不多，加上面對B馬路的高樓若有吊掛招牌阻擋一些氣流的話，則道路缺口所引進的西南氣流強度會比南方過來的離氣弱喔！此時五樓收的就是吉方的離氣了！

至於六樓住戶則較無爭議，收到的是南方之離氣，其原因如同五樓一樣，這些氣流若因A樓後方無遮，則如圖所示，會匯聚有約10層樓長度的離氣呢！

讀者若看到目前為止覺得有點頭暈，是正常的，不必驚慌。但各位只要記得理氣吉凶判斷是依環境而定，而就算外觀、地段一樣的大樓中，不同樓層吉凶也會因些微差異而產生變化。如例子中住一~四樓跟五、六樓住戶就分別落在不同的理氣範圍內，住久後難怪運勢、財運、身體健康等等也就高低有別了！

・同樓同層、同坐向、格局也相同，但分屬不同邊，其理氣吉凶不同的例子：

我們拿一個類似的例子來說明，如下圖三十七所示，自宅是樓高6樓的公寓大樓，面臨約15米長的橫向馬路A與由西南方直沖而來的一條10米寬道路B、南方直沖而來的一條10米寬道路C，此兩條道路兩旁建物整齊。

這個個案例是要討論分屬不同邊的住宅，其理氣吉凶還是會因彼此所對的環境不同而有差異。首先，我們把風水上常稱

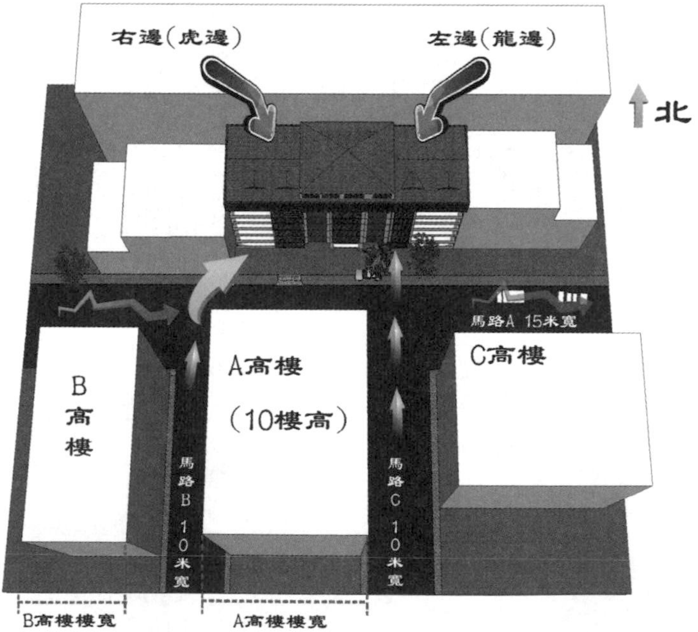

圖三十七：同樓同層、同坐向、格局也相同，但分屬不同邊，其理氣吉凶不同的例子

的左、右邊（龍、虎邊）做說明；左邊（龍邊）就是以房子自己本身為主，房子的左手方就稱為龍邊、左邊；反之則稱為虎邊、右邊。

案例中虎邊的1～4樓收坤氣，5～6樓收離氣，這是承上案例（圖三十四）已知的。而龍邊的1～6樓收的是正南方的離氣，而且因道路引氣，所以離氣滿收，理論上應該是遠勝於右邊的住宅囉？其實不然，我也正想以此例帶讀者進入下一篇「形家」的世界。

理氣與形家各應其吉，各應其凶。此例的左側龍邊之宅於理氣上離氣滿收，所以會有發財、發名聲、小孩聰明等吉應，但是形家上卻犯了「路沖」的形煞，因此也免不了車禍血光、官司（正前方路沖，稱為朱雀開口）等凶應。

所以說一個好的風水住宅，應該是理氣與形家都要好，才能稱為好陽宅，讀者千萬不可偏廢之！

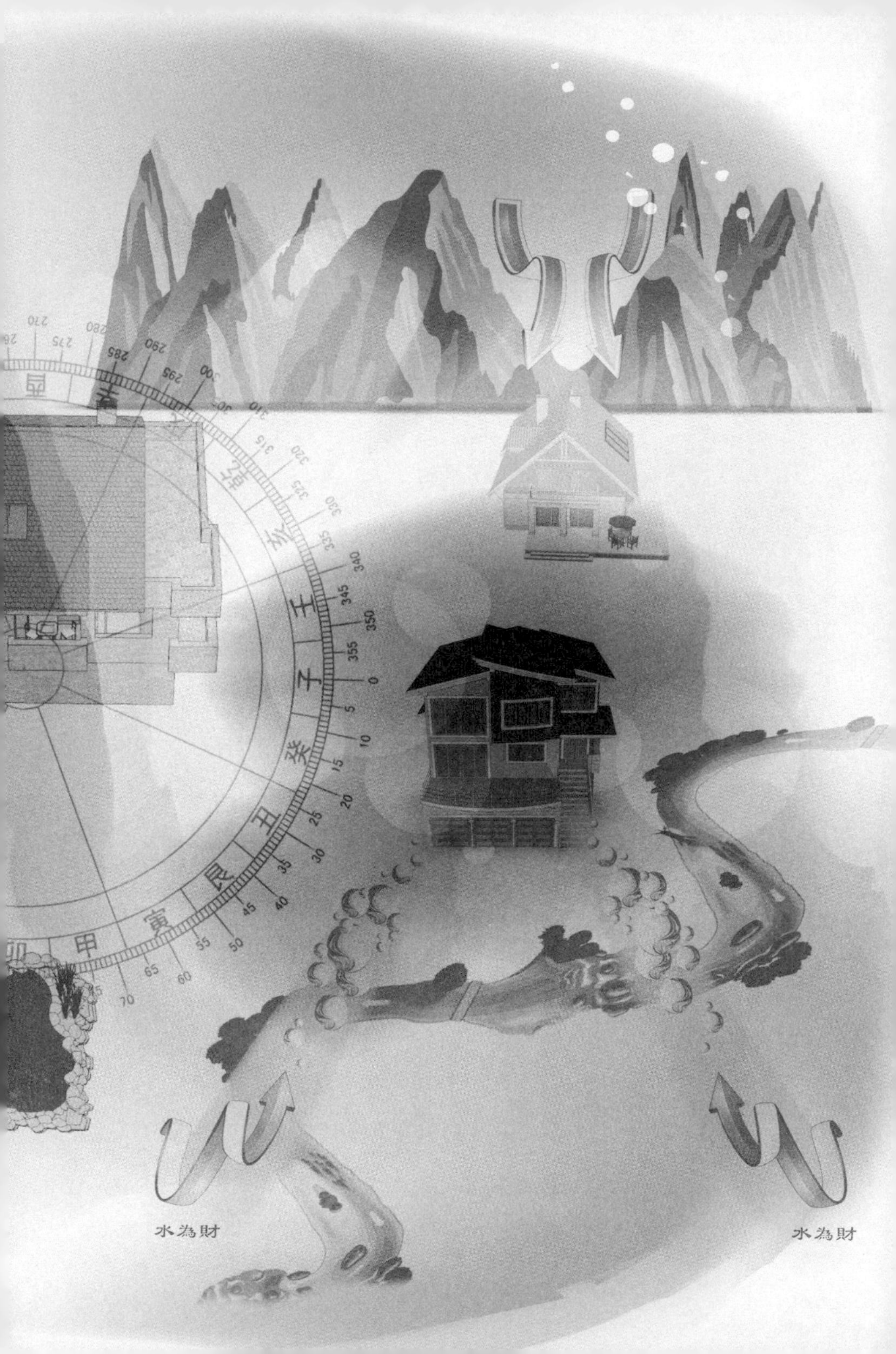
水為財
水為財

第肆篇　形家篇

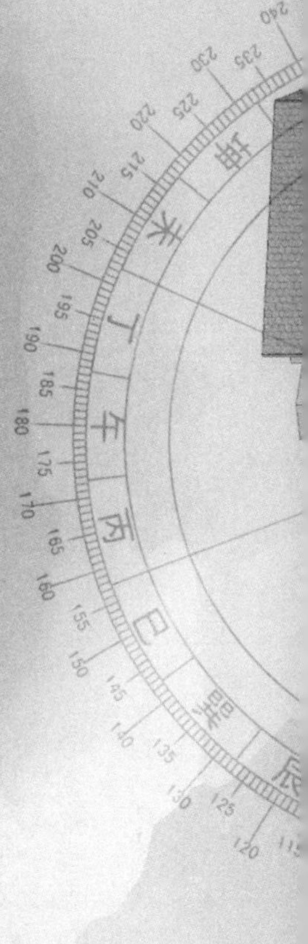

一、首先避開看得見的外在形煞與外在環境

住家附近總有許許多多的形煞，而這些煞氣確實也會造成人的身體、運勢不佳，但其原因並不是一般所謂的「怪力亂神」之說，而且也並非每個看到的形煞都會致凶。接下來我們會以條列的方式，說明種種常見的形煞，及其構成原因與影響，如果此形煞能夠改善，我也會詳述改法。

您可能會發現，很多形煞通常都是不可改善的；而這會與坊間常用的以山海鎮、符咒、五帝錢、貔貅……等方式來改善者，大有不同。所以本書最後一篇會列出一般的形煞解法供讀者參考，但本著「翻開本書即是有緣人」的心態，我還是希望讀者不要被一些神鬼之說所矇蔽，要相信自己的判斷力！

還有一點，形煞的距離究竟要多遠，才會沒有影響呢？風水師總不能無限上綱，對街5～600公尺處有壁刀，我家也會招凶？那麼都市中哪裡可以住人呢？其實，當我的老師在教授此節時，我覺得有點像大學教的「流體力學」，如果是氣流造成的紊流，則安全距離處是直到「氣流穩定」的距離。所以以前有些風水師會點香（或香菸），看煙有沒有亂飄。其實我們師父也有口訣來測定形煞安全距離，這與家中住著幾代人也有關（如家中有

祖父、爸爸、自己，則為三代），住越多代的家庭所需要的安全距離就越長。

壁刀煞

條件：自宅被他人房屋側壁沖射到，因氣流會沿著壁刀走，形成很強勁的切割氣流，造成自宅的磁場紊亂。此外，都市中常見的招牌廣告，也會有切割氣流的現象存在，自宅若是被對到，亦是不吉。

壁刀長度越長、壁刀與自宅接越近、壁刀後面越空曠，代表來氣越多，所受凶應也會越嚴重。但若是壁刀樓層比自宅低，則不構成壁刀條件，只需看自己居住的樓層有無被切割到而已。

影響：1. 自前方沖射：車禍、血光意外、官司、破財、家庭不和爭吵、小孩不乖。

2. 後方沖射：犯小人、血光意外、破財、損丁（生不出男生，生女不受限）。

3. 自側方沖射：血光意外、身體兩側受傷、左方來傷男主人，右方來傷女主人。

改法：可以加蓋一個牆面或種樹擋住氣流，但此牆不可貼住自宅。

但對公寓大樓而言，以上解法有難度，應速搬家！

＊掛山海鎮、符咒、凸透鏡等物是無法將混亂氣流消彌的，因此切勿迷信受騙！

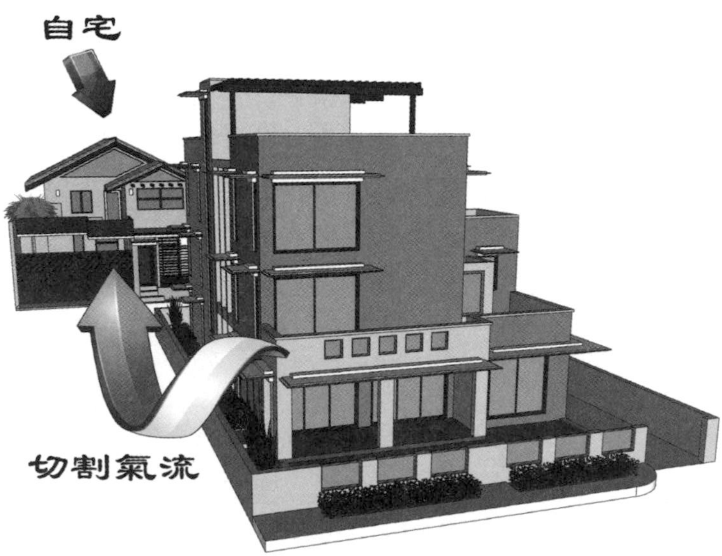

壁刀煞示意圖

紅色箭頭所指之屋有後壁刀煞

天斬煞

條件：自宅被高樓夾縫沖射到，因氣流被擠壓，使得自宅的磁場紊亂。

夾縫寬度越小、兩屋長度越長、兩棟高樓越高、夾縫與自宅接越近，其所受凶應也會越嚴重。

影響：同壁刀煞剋應，但更為危險，因其可視為兩個壁刀煞。

1. 自前方沖射：車禍、血光意外、官司、破財、家庭不和爭吵、小孩不乖。
2. 自後方沖射：犯小人、血光意外、破財、損丁（生不出男丁）。
3. 自側方沖射：血光意外、身體兩側受傷、左方來傷男主人，右方來傷女主人。

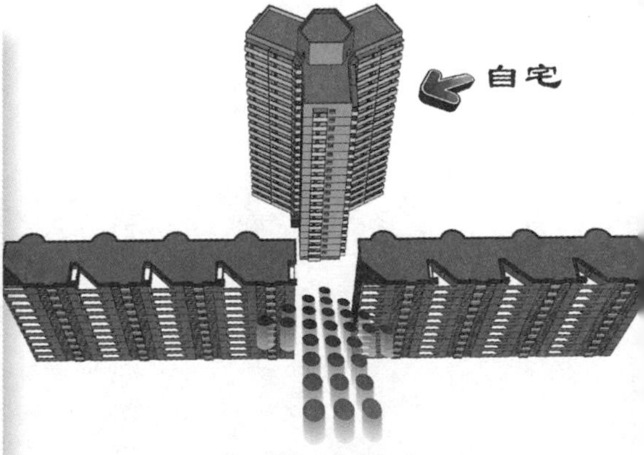

後方之屋犯了天斬煞

改法：同壁刀煞，但對公寓大樓而言，解法施做上有難度，應速搬家！

路沖

條件：自宅四周有路直沖過來，因本來平均受力的氣流，行進路徑被壓縮成一條路的寬度，強度增強數倍，影響到受沖擊的自宅磁場。

1. 如圖，若路沖道路寬度c比自宅寬則不會造成凶象，反而可視為寬廣的明堂（當然亦要視所來的理氣吉凶與否）。
2. 就算是旺方的路沖且路比房寬的條件下，受沖之屋的左、右、後方都要有房屋，才可視為可居之屋。
3. 如圖，直沖的道路兩旁（A與B）要有建物，如此才可將氣聚在一起，若整排建物越長、越高，則凶象越明顯。當然，依流體力學原理，若所住之樓高高於A與B的建物，則路沖不造成影響。
4. 如圖，自宅前的道路D寬度十分重要，若寬度夠寬，是可以隔絕氣流、減低凶象的。

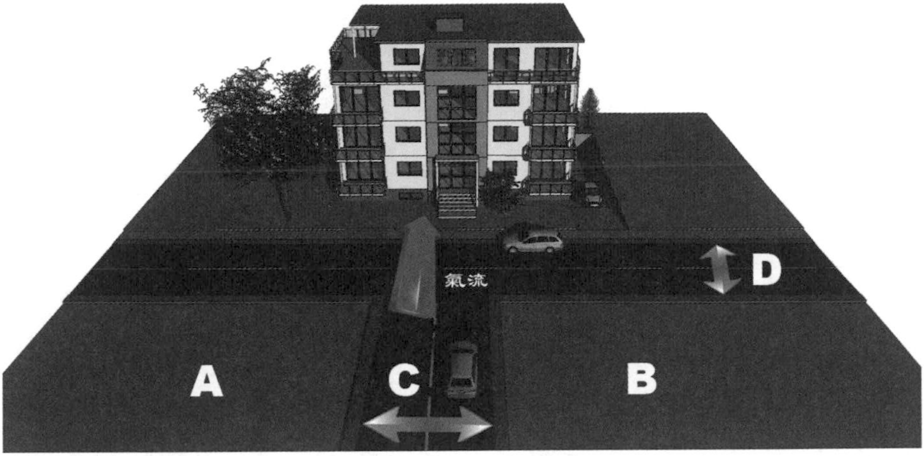

路沖示意圖

影響： 1. 自前方沖射：車禍、血光意外、官司、破財、爭吵、小孩不乖、重病、開刀。

2. 自後方沖射：犯小人、血光意外、破財、損丁（生不出男丁）、官司。

3. 自側方沖射：血光意外、身體兩側受傷、破財。

改法： 同壁刀煞，公寓大樓自宅遇此種形煞，通常不可解，應速搬家！但前提是需注意您家的住宅，是否在前述路沖條件的影響範圍內喔！

中央之屋犯了路沖，若仔細看就可發現屋前掛有山海鎮欲化解之

反弓煞

條件：自宅四周有道路或河流經過，且剛好位於其弓形彎曲的外端處（如下圖所示）。車流與河水需要在此處轉向，此處的氣流也會較為急促且紊亂。

1. 如同路沖，道路兩側要有建物或大樹聚氣，如此才形成反弓煞，但若為河流，則不需有建物，只要不加蓋（水見到光），則一樣成煞。
2. 除上述氣流因素外，也會因道路彎曲，駕駛可能分心而撞上自宅，造成長居於此宅會擔心受怕，腦神經衰弱。
3. 如果為河流時，還需注意因水流長期掏空地基而造成危險。河流越大、越近，則往上影響的樓層也越高。

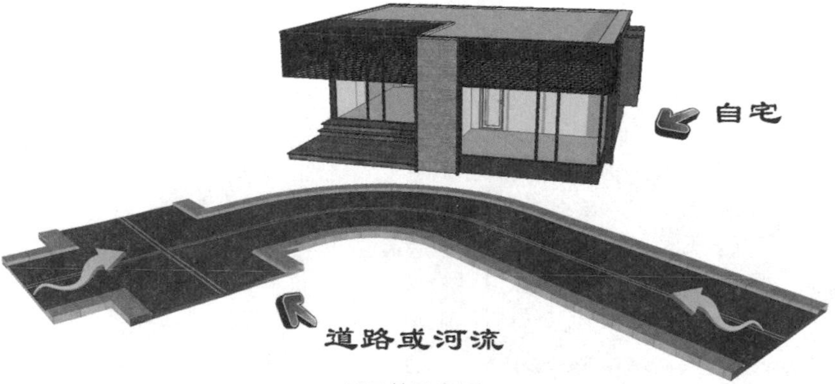

反弓煞示意圖

4. 一般而言，公寓式住宅往越高則凶應越小，因為一樓馬路上的車子氣流影響不到（最多一～二樓）。但此處容易忽略的是道路、河流周遭兩旁的樓房高度（如條件1所言）；所以您所住的樓高需要高於形煞的高度喔！

5. 高架道路的轉彎處也是反弓煞的一種，後有說明。

影響：家人不和、小孩不乖、犯桃花、意外血光、損財等。

改法：若為水流，可以為其加蓋。但若為大河川，需視其距離而定，越遠、樓高越高，則越沒影響。

若為道路，則可種樹擋煞，但種樹易遮住陽光及擋住自家氣口。此外還需參考自宅樓層高度與反弓煞有效樓層（參閱條件1、4），因為若自家樓高高於樹木也無效喔！

＊掛山海鎮、符咒、凸透鏡等物是無法將混亂氣流消彌的，因此切不可迷信受騙！

高架道路反弓

道路反弓

高架橋樑

條件：自宅四周有高架橋、捷運等經過。

由於車輛行經的高架橋會因車子廢氣、引擎喇叭聲等影響居住品質（尤其是位於上坡路段時）。嚴重程度取決於路的大小、車流量、路的狀況（紅綠燈、坡度、彎曲形狀、隔音設備）等。

影響：

1. 與高架橋等高的樓層影響最大，尤其若位於反弓的彎處，則主發生意外、血光。
2. 比高架橋低的樓層，主有志難伸、陽光遮擋，亦不利健康。
3. 比高架橋高的樓層較不受影響，但亦有腦神經衰弱等影響（如喇叭聲、車子上坡引擎聲）。

高架橋煞

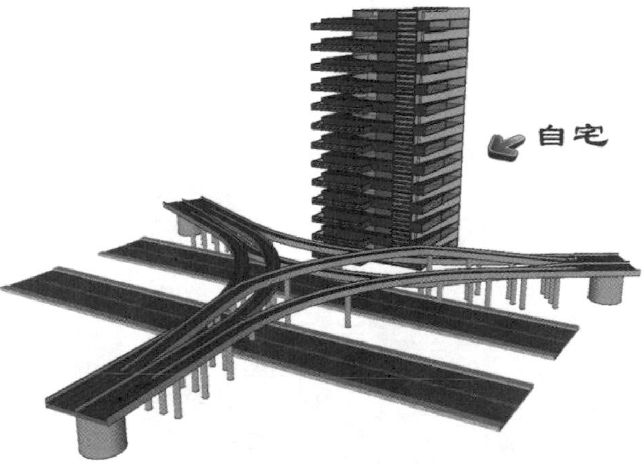

高架橋示意圖

改法：居於較嚴重樓層，建議搬家！否則宜加強隔音、採光、空調等設備。但若長期緊閉門窗，全程使用空調下，除了電費高之外，也是不利健康的！

房屋缺角、基地不方正

條件：房子地基以方正為佳，若是基地呈現缺角（嚴重者呈L形）、三角形、畚箕形等不規則形狀都有凶應，不規則狀佔整體比例越大者越凶。

影響：1. 若房子缺角小於三分之一則不算太壞，若大於二分之一則大凶！居家動線不良、桃花、脾氣大、個性古怪、身體差、多意外血光之災。

2. 畚箕屋若屋前小屋後大，不利女

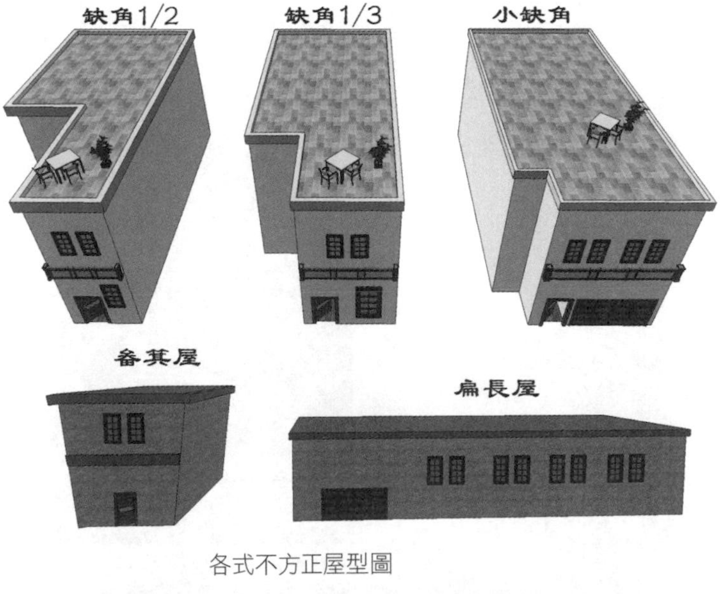

各式不方正屋型圖

主人（運勢、身體差）。反之，則不利男主人，且一代不如一代。

3. 建屋若成三角形，則有家人火氣大、火災、財運差、身體差等凶應！

4. 建屋若呈現扁長形，則家中人待不住、財運差、口角、身體差（尤其是肺部）。

改法：畸零地捨棄不建、改建成方正地，或速搬家。

因為地形、地契關係，路上常見到不方正的建築

屋脊煞

條件：自宅被周圍房舍的屋脊沖射到，因被三角形氣流影響，使得自宅的磁場紊亂。屋脊距離越近、長度越長、屋脊顏色若為紅色時，所受凶應也會越嚴重，尤其有火災、火氣大等凶應發生。

對公寓式大樓而言，被屋脊正沖的那一樓層住戶較為嚴重，其餘樓層漸不嚴重。若住在屋脊煞另一邊的住戶，則可不用太擔心，除非如上述，所遇的屋脊煞很嚴重時。

影響：同壁刀煞剋應，但更為危險，因其可視為兩個壁刀煞。

1. 自前方沖射：車禍、血光意外、破財、家庭不和爭吵、小孩不乖。
2. 自後方沖射：犯小人、血光意外、破財、損丁（生不出男丁）。
3. 自側方沖射：血光意外、身體兩側受傷、財運不順。

改法：同壁刀煞，可用木板、鐵片或水泥牆、種樹檔煞。但對公寓大樓而言，施做上有難度，應速搬家！

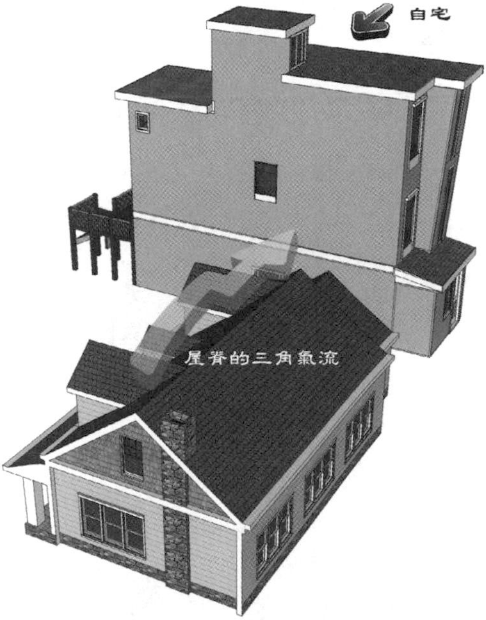

屋脊煞示意圖

大樓的左手邊犯了屋脊煞

牌樓、廟角獸頭沖射

條件：房子四周被牌樓或是建築的獸角等裝飾沖射到。

1. 除了氣流改變的影響外，所謂「有形就有靈」，形的影響也是因素之一。
2. 距離自家越近、形狀越突出，凶應越大。
3. 只影響到形煞等高或略高的樓層（視形煞的仰抬角度到多高）。

影響：做店面生意不好、做辦公室人員流動快、做住宅不平安。被沖射到的該樓層住戶，更要小心血光意外、損財等事。

改法：

1. 將形煞移走。
2. 若不能移走則該房間不住人、門窗關閉。
3. 符咒、八卦鏡等物或許可擋形煞

各式牌樓煞

廟角獸頭沖射

的「形」，但氣流卻還是擋不住。

自宅離水流過近（割腳水）

條件：住宅離河流過近，河水流動容易沖刷地基，即便地基較為結實，水也容易滲透到地基裡，慢慢的破壞其結構，造成地基不穩等問題。此外住宅離水太近的低樓層，理氣的納氣則可能需要再確認（參閱前篇）。

影響：1. 離水岸過近，濕氣過重，住在此地形的人容易有風濕病問題。潮濕或臭爛的地質，會導致關節炎、風濕性心臟病、皮膚病等。

2. 屋前有水對女生的運勢、身體不利，屋後有水則對男主人不利，且不易生男生。

3. 影響程度與水流大小、水流湍急、與自宅距

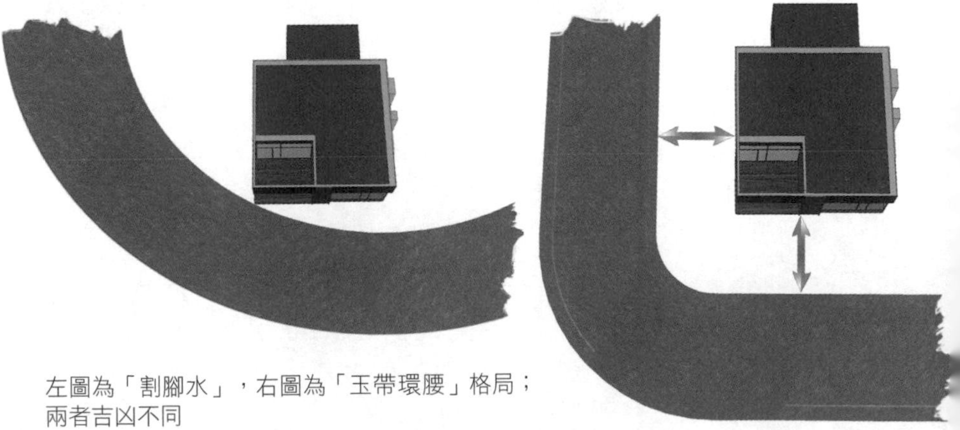

左圖為「割腳水」，右圖為「玉帶環腰」格局；兩者吉凶不同

離、居家樓層高度、房子有無位於反弓處等有關。

4. 若屋子與水流有距離、且位於反弓的內處，則稱為「玉帶環腰」，反而為吉！因為位於反弓的內弓處，表示地勢略低其他地方，因此氣流自然流入宅內，可以聚財。

改法：此種形煞不可解，可考慮搬家。但住越高凶象越小，因此，高樓層住戶除了地基掏空的危樓因素外，應可不需過分緊張。

圓環或圓弧形建物（金形煞）

條件：因為五行中的金，其形狀為圓弧形。因此，住宅前有圓環或是圓弧形建物（如體育館等），或是自宅因貼著道路的形狀，而形成扇形屋，則統稱犯了「金形煞」。

影響：1. 五行的金在中醫學中屬肺、呼吸系統，因此住在扇形屋裡的人會有呼吸系統方面的疾病。

2. 圓弧形的房宅要用作住宅的話，就會有諸多不利（家財多耗散、家人不和、家裡待不住，喜往外跑、紅杏出牆等）。

3. 如果你是面對的是圓環、反弓形的房屋的話，同樣會受到不利的影響（對事物的判斷能力有失水準，拿不定主意、做事三心二意、家人不和等）。

改法：

1. 扇形屋可當作店面、辦公室使用，而不當作住家使用。
2. 面對圓環、反弓建物的自宅，若樓高比形煞建物高則無妨；但若為較低或等高樓層的話，則需視與形煞的距離、形煞圓弧形的切割氣流、車流帶來的氣流有無實際影響到自宅而定。氣流如可以用遮擋的方式（如前述形煞），則凶象可大幅減少！
3. 若是住家建物本身是因路形而建成內凹的形狀，則凶象還是存在，改不了。

居家面對圓環、巨蛋等圓弧形建物

位於街角呈圓弧形建築

埋兒煞

條件：房子四周被高樓包圍，距離越近、高度越壓迫，凶應也越嚴重。難怪香港人成天抗議著「採光權」受制。

影響：住在這裡的人行運必受外在壓制，事業財富都難突破。健康也會受到外在的氣干擾而產生疾厄，且不利後代子女。最常見的凶應為家中人待不住、心情鬱鬱寡歡。此外，若自家跟他宅距離太近，導致自家的宅氣不洩，則主有眼疾、傷心事。

樓高差太多，如同打籃球被壓著打，若自身樓房建築體積越小越嚴重

住宅被高樓包圍

改法：此種形煞不可解，住越久越不好，通常3~5年後凶應會較明顯。建議可以從加強家中的採光、通風、配色輕盈上著手，以減低凶應。

斷頭煞

條件：自宅被左右兩高樓夾住，自宅與鄰樓高度差距愈大，則凶應越明顯（若只有一邊高壓則不算）！

影響：住在這裡的人時時感受壓迫感，壓力大。常見的凶應為家中人待不住、吝嗇小氣、賺錢辛苦等。

改法：若是一般透天宅，可以增建到與隔壁等高。但若為公寓大樓則無解，因為增建權不在自己身上。

斷頭煞

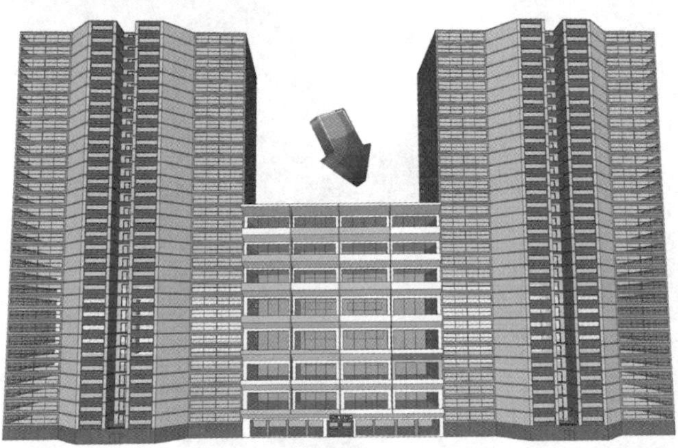
斷頭煞示意圖

剪刀煞

條件：房子建在分叉道路的兩旁，因為地基呈三角形，因此會有「火形」的不好凶應。若是房子建成三角形則更凶，整棟住戶都不好。若房子不建成三角形，則公寓大樓住戶住越高凶應越低，因為車流造成的氣流、噪音等煞氣，越高越不明顯。

影響：官司、火氣大、火災、車禍、血光意外等。一樓店面生意亦難做，建議做「流動型」的生意，例如擺賣水果等。有人說可以賣剪刀，反而生意會很好，我想應該只是種聯想罷了，不需限制。

改法：路口屋前的三角形建地，可種草坪、種樹，或是空地出租成看板廣告使用，但如此也會擋住

剪刀煞之屋

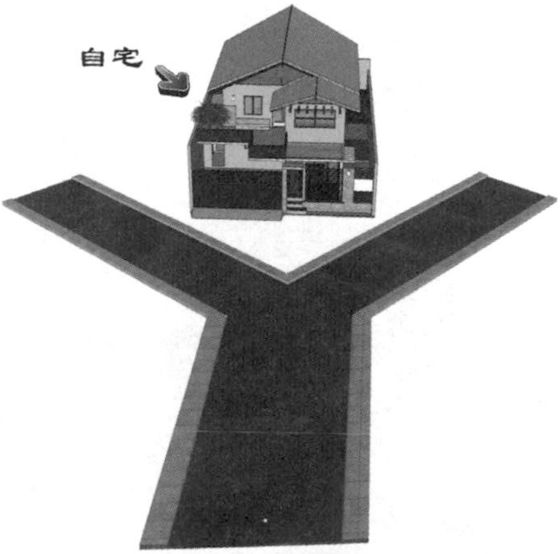

剪刀煞示意圖

陽光或房子氣口，除非有段距離，請斟酌採用。

此外，坊間有一說用石獅子放在三角形剪刀煞口，或是屋子兩側即可化煞，我想一般住家不同政府機關或廟宇，放置石獅是很奇怪的事，而且依理論推之，我想應該沒有用吧！這不禁使我想起剪刀、石頭、布的遊戲，很有童趣！

橋沖煞

條件：自宅被橋樑沖射到，橋樑下若有流水且見光時，凶應更大。如路沖原理（氣流沖射），但因為水能擋住氣流，因此氣流只能從橋樑通過，而居家面對此氣流沖射，造成磁場混亂。

1. 居住公寓大樓樓層越高越無妨，氣流影響遞減。
2. 視橋與自宅距離、河道大小、橋面大小及橋上交通狀況而定。

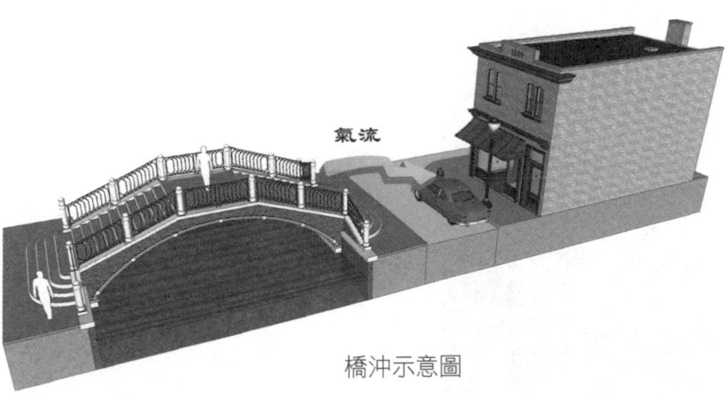

橋沖示意圖

影響：同路沖，但尤其應小心家中孩童！若橋比屋寬則不稱為橋沖，但須注意是吉方才可。

改法：同路沖解法，若無法解成，則建議搬家。

有老師說擺放石敢當可以解煞，但如此可能會更糟，因為氣口被遮住了，若石頭過大，會造成出入不順、腫瘤，甚至跛腳、啞巴等問題（猶如人口鼻被遮住一般）。

廟宇教堂、神壇

條件：房子周圍有廟宇、教堂或是私人神壇等。因為人們通常總是帶著沮喪失意去廟裡膜拜，此能量亦會影響附近居民。而不只廟宇，有關教堂、大樓內的神壇也都會有同樣的情形。

1. 香火越鼎盛、距離自家越近，凶應也越明顯。
2. 廟旁可做小吃、金香紙、中藥材、算卜、彩券

居住於廟宇教堂旁

等生意，但還是以做生意為主，不居此處為佳。

影響：心神不寧、出懶人、婚姻不好、財運差，尤需小心廟角獸頭沖射的意外、血光等問題。

改法：只做生意，不住在此地，或是有虔誠的宗教信仰，來克服此類孤寡的地氣。因做生意賺了錢的話，勿躁進做大投資、投機等事，要仔細評估。

扁平、深長屋

條件：房子因為建地的問題，而建成狹長、扁平的房子。一般房子較好的長寬比為2：1，若超過3：1則為縱深比太長之屋。

影響：因為房子深長，所以陽光無法照入、空氣無法完全流通，因而住於此處會常生病、吃藥。而且有在家待不住、居家動線不良、個性古怪等現象產生。

改法：加強空調、多開窗、加強照明等方式。若比例太過懸殊，則還是不太適合住人，若是租的房子，我建

扁平屋

議還是盡快搬家為妙。

大樹、電線桿

條件：房子被電線桿、大樹等遮住氣口（門或窗被遮擋），較高樓層甚或有電線、有變電箱在附近。

氣口若受阻（開門的45度角內看到），則進屋之氣流會因形煞遮擋而紊亂，進而干擾屋內磁場。而且形煞距離越近、密度越高，越不好。

影響：1. 因電磁波會影響身體，造成神經緊張、致癌，還會造成失眠、決策失誤等問題。其中以住在近形煞的房間影響最大，其他房間的住戶次之。

2. 大樹若離屋太近會遮擋陽光及氣口，所謂「陽光不到醫生到」，會使人心情鬱悶、生病、常吃藥。而且樹根會破壞屋體建築造成龜裂，也易造成住戶有筋骨、血管等問題。

大樹影響住宅

3. 門前有陰樹（李樹、桃樹、杏樹、柳樹、芭樂樹等）為不吉，主患精神疾病。

改法：電桿電線煞：正沖的房間不住人。或督請政府電線地下化、遷移電線桿（至少需離開門、窗口的開門45度角範圍內）。

如遇大樹，則修剪樹枝使其不遮住陽光及氣口，但若要移開或砍除大樹，還是建議要先祭拜告知，並擇吉日進行，以求順利心安。至於形煞搆不到的高樓層則無妨。

高壓電塔、變電所、手機基地台

條件：房子周圍有高壓電塔或變電所、基地台……等，即構成形煞條件。

科學及醫學研究上對於電磁波對人體的傷害已有證實，而且現今大眾也都有相對的知識。其中形煞的規模越大、電力越強、距離越近，則影響越大。

影響：神經緊張、致癌、腦瘤、決策失誤、破財等。

住宅旁有變電所

改法：若距離家裡很近，則應速搬家！因為電磁波無法用山海鎮、八卦鏡等法器破解，不可等閒視之。

此外較科學的做法：您還可以使用電磁波的測量器具，再參照國家公布的安全標準數據，瞭解您的住家究竟是否在安全值內。但是，安全值真的安全嗎？仍有待查驗，畢竟以手機基地台而言，各地開始廣設也不過才十數年而已。

一屋獨聳（沖天煞）

條件：自宅高度高於附近的建物很多（高於周圍住宅兩倍以上），例如居於101大樓高樓內。因為四周無遮掩，房屋任由風吹雨打，屋內磁場遭干擾。住越高越嚴重！

若四周有約略相等高度的大樓（不用連在一起），則獨聳的條件不成立。

影響：1. 破財、遭盜、心性高傲犯小人、凶案等。

2. 若為辦公室，則有員工向心力差、賠錢、

高樓本身為一屋獨聳

事業運差等。

改法：平時多修口、修心，以減低凶象。此外，防盜、財不露白的觀念也不能少。

住宅增建、造型突出（凸形煞）

條件：房子陽台或是外型突出的建物比例過多，造成外型上的突兀、不協調。

影響：會造成長瘤、開刀等凶應（有遺傳體質者更是）。

改法：將突出的建物拆掉或補齊。

陽台凸出比例太過

屋簷煞

條件：1. 他人的屋簷與自宅太近，造成形象上與氣流流動上的沖射；以有沖到的那一樓層才有凶應。

2. 但對屋的屋簷與自宅若有一定距離，則稱為「收逆水」，主居此宅有多餘的錢流進。「收逆水」距離，是從對方屋簷的尾端開始，再依此屋簷角度一路延伸到自宅，若剛好落至自宅的前方，不造成沖射下，則可稱之「收到逆水」（如下圖示）。

影響：

1. 屋簷太逼近，收不到陽光、氣流不通順，對於身體、心理都會受影響。
2. 若是宅前處（明堂）有屋簷煞，則有氣度窄、賺錢少、小孩不乖等凶應。
3. 宅後有煞，則有犯小人、男丁少（生女機會大）、損財等凶應。
4. 視屋簷煞距離、大小而論凶應大小。
5. 若兩宅的屋簷過於靠

屋簷煞

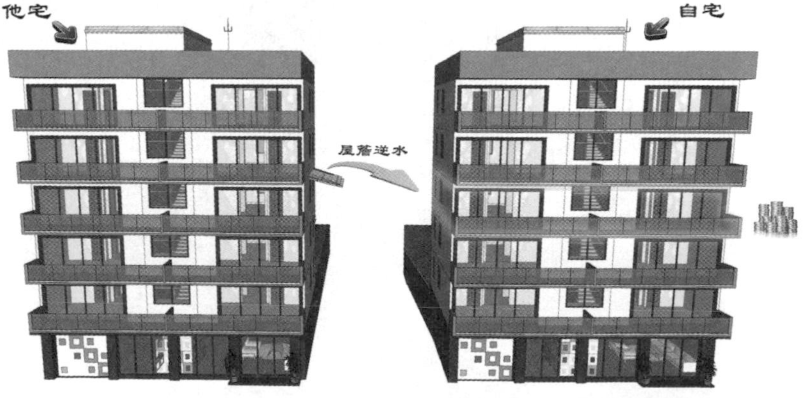

居於四樓的住戶，收到屋簷逆水，會賺錢

近，則會遮住較低樓層的陽光，對於底下的住戶而言，也是不吉。

6. 屋簷雨棚下雨時的聲響亦是聲煞噪音的一種，太近亦會造成鄰居口角與不和。

改法：自宅若犯到屋簷煞，可請對方做微幅改善（如鋸短或角度更動）。

無尾巷

條件：住宅居於死巷內，因穢氣無法排出，造成住戶身體不好。但若巷子盡頭只是人車無法通行，氣流還是可通過（如旁邊為農田），則不構成無尾巷的凶應。

巷子越長、車子進出越頻繁、巷子越窄小，則穢氣累積越多凶應越大。

影響：1. 住戶身體多病痛，而住越高樓層則越不嚴重。如圖，居住在A、B、C的住戶較嚴重，D、E的住戶次之。巷子越窄，穢氣越

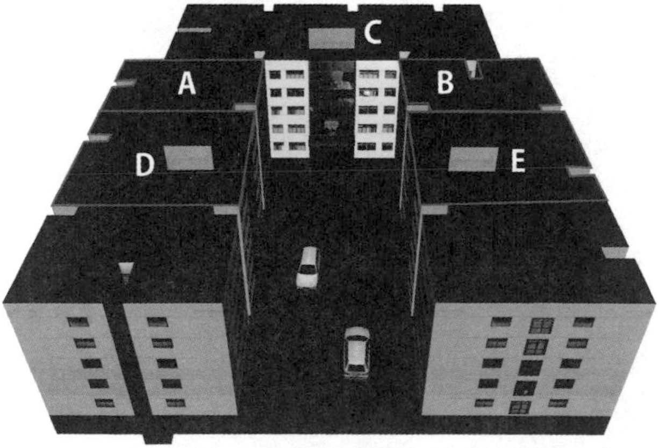

無尾巷示意圖

散不掉，則凶象越嚴重。

2. 若居於無尾巷尾端之住戶又加蓋採光罩、遮雨棚等，遮擋陽光及氣流，會使凶應更嚴重。

改法：公寓不挑一、二樓住，並加強屋內通風設備。

房子居於無尾死巷內，一樓最好不要住人

無尾死巷內還有遮雨棚者更加嚴重

騎樓、地下車道上方

條件：住於騎樓、地下車庫進出口上方之屋（通常為第二層樓）。

影響：因為騎樓下方空曠，且行人、車子進出將氣流帶動，使住於其上毫無「地氣」可言。人會有睡不安穩、神經緊張、破財等凶應。

改法：此間房間不住人，當儲藏室使用。如下圖，二樓較凶，而越往樓上則越不凶。

煙囪煞

條件：煙囪距離自宅很近，風流動過來會因煙囪造成不順的流場，進而影響自宅。

影響：1. 車禍意外，如果還冒著煙者主不利健康（視排出物質）、心情鬱悶又主患眼疾。

2. 但若是煙囪距離遠或被遮擋看不到，

住宅看見煙囪，要視距離與方位而定吉凶

位於騎樓上方之房間

則無此感應。

3. 煙囪距離遠、又是在房子的旺方，且看得到的情形下，可視為文筆峰，主小孩會讀書。目前元運的旺方為南方、東北、西北、西方等四個方向（如在吉方的101高樓，遠看也可視為文筆峰）。

改法：距離煙囪近，看到冒煙的房間盡量不住人，若煙囪排放煙塵，則需考慮搬家或以空氣濾清等方式改善。

捲簾水（出門見梯）

條件：此處說的是常見於一樓為車庫，客廳位在高處，上下需有樓梯進出之宅。公寓大樓住宅很少有此設計，若是建在大樓側邊的逃生樓梯，則應該構不成「開門見梯」的條件。

影響：破財、開銷大，嚴重程度以樓梯與門的距離與樓梯陡度而定。

開門即見梯

改法：若為公寓式住宅通常不會遇到，否則就住在較高樓層，不住一樓。而一般公寓住宅常遇見開門見上下樓梯的情形，也是不好。請參閱第陸篇問與答Q6。

官帽煞（面對形狀不齊的建物）

條件：居家面對的建物屋頂形狀凹凸不平，狀如官帽，因故稱之官帽煞。

古人稱此煞易犯官司，其原因是有「形」的想像，因為古人的「草民心態」，因此「見官府」這件事就極為避諱，所以當自家建物看見同官帽形狀的建物，當然不是很開心。另一個原因，則是風吹過此形狀凹凸不平的建物時，其所帶到自宅的氣流也是紊亂不平的，所以會有不好的感應。

影響：1. 自宅與形煞樓層差不多，但距離遠，氣流影響不到，則毋須緊張。

2. 自宅與形煞樓層差很多層，只是看到形煞而

自宅面對狀似官帽的官帽煞

已，也毋須緊張。以上頂多是形的感應，非氣流的影響，所以官帽煞頂多是「見警率」較高而已，諸如遇指揮交通的交警、路邊臨檢、拖吊車……等，自己平常需注意不要違規即可！

3. 氣流影響感應較大，所以若是距離近，則會有易生病、意外的感應（類似壁刀的一種，只是壁刀較短、較小）。

改法：現在一般新建大樓棟距都很寬，應該不會受對宅影響才是，都市中見警率本來就高，如上述所說，我們需小心不違停、酒駕、超速、進出不良場所等，如此凶應就找不到我們了。如果是氣流的影響，則需注意正沖對著煞的房間不住人，或是當客房使用；當然上述的良好駕駛習慣、出入場所也都要注意一下。

連淆煞（空中通道）

條件：此煞常見於公司、購物中心，因兩棟大樓之間有所距離，所以蓋了一條走道做為連接用途。因為人的走動，氣流互通，造成混淆。但此煞只針對封閉式的走道才成立，開放式的走道（走道周圍沒有密封起來，可與外界接觸）不構成。

影響：

1. 如果是在同間公司、機關學校等中，如廠區、辦公室的連接，則此間公司不免人事鬥爭、口角會多了起來。
2. 如果連接的是同一購物中心的不同區域則較無妨，因為娛樂場所等地方，較不受影響。
3. 如果連接是不同的公司的兩個大樓，則進出的該樓層、該公司人事異動、口角較多，員工也較待不住。
4. 如果連接的是兩棟住宅大樓，則影響不大，因為其實現今的大樓住戶與鄰居間的互動並不頻繁，除非您自家正好位於走道出口處附近，因為出入份子複雜、吵雜，否則不需緊張。

改法：挑選辦公大樓進駐時，不要選此一樓層即可。

連淆煞建築

殯儀館、墳墓旁、屠宰場

條件：居家鄰近陰氣重的地方，如殯儀館、墳墓旁邊或是煞氣重的屠宰場旁。

影響：常居此地陰氣恐過重，造成身體不好，而且心裡也有不少壓力、腦神經衰弱、發生異事。體質特殊的人、小孩影響較明顯。

若殯儀館有火化場的話，亦會造成空氣污染。動物屠宰場的惡臭、清理水若是沒處理好的話，也會造成污染。

改法：實在無法搬離的話，則從擁有虔誠宗教信仰，或是家中加強照明、採光等方式來下手。

有些人會以符咒或開光的八卦境、山海鎮來鎮壓，這些方法在這裡應該是行得通的，但

現代的納骨塔幾乎已無恐怖的感覺了

老師的功力，以及符的效力（通常為1年）都要考慮。

其他常見的不吉環境

條件： 1. 居家鄰近煞氣重的公家機關，如警局、法院、監獄等：因為此處出入份子較雜亂，整體磁場也較雜亂。

2. 住在加油站、儲油槽旁：油氣不利健康，而且亦有潛在危險。

3. 住在垃圾場、污水處理廠旁：有惡臭及衛生問題。

4. 工廠旁：會有噪音、大型車輛出入，或是排放有毒物質的危慮。

5. 住在火車鐵軌旁、公車總站旁：鐵軌、車子進出的噪音以及廢氣污染。

影響： 依不同環境而議。

改法： 雖然有些時候凶應並非十分明顯，但還是盡量避免住在這些場所附近。而一般建議的石獅、銅麒麟，或是山海鎮、長明燈等鎮煞物其實是沒用處的，需小心受騙。

二、避開容易被忽略的外在環境

一些較為一般人所忽略的外在形煞，我特別將它們列在下面。有些如果是因為地勢的關係，則只是一樓住戶會受影響而已；有些則是因為整體建築對稱性所造成的問題，如邊間住宅、高壓等等；還有一些則需要到住宅當地仔細察看才能得知者，如噪音、光煞……等等，並無法從房仲業、網路的資訊得知。諸如此類，我一樣將原因及影響、改法，條列清楚，讓讀者有更清楚的認知。

地勢低窪之處

條件：房子建於低窪之地，因為污穢之氣流往房子，而且因排水、濕氣等問題，造成潮濕陰冷的環境。住於大樓一樓的住戶有影響，二樓以上住戶則較無影響。

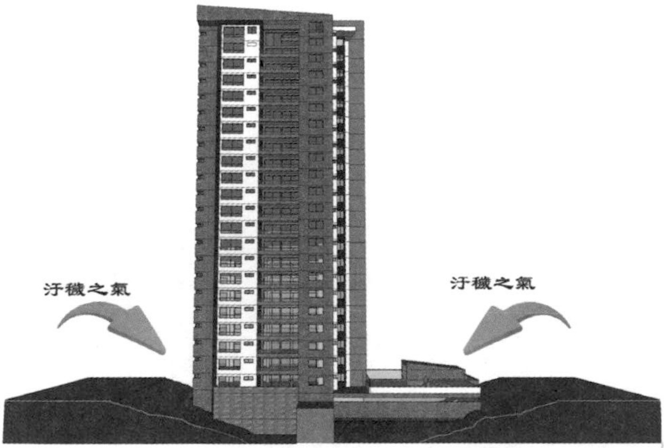

低窪之宅示意圖

影響：濕氣重會造成風濕、感冒、心情鬱悶等問題。但也因地勢低，會有開銷較少、易存錢等好處。

改法：加強採光、除濕通風等設備，不要再刻意種植植物，因為潮濕、遮光問題會更嚴重。

地勢高聳之處

條件：房子建比地面高出許多，或是比周遭房屋地勢高出許多。因為宅氣不聚（若房子建於山頂，則地氣亦不聚），住於大樓低樓層的住戶較有影響，越高樓層住戶則影響越少。但是若高樓層沒有遮擋之建物，則很容易形成「一屋獨聳煞」，需小心。

影響：不聚財、犯小人、遭盜、凶殺等。

改法：建物圍圍牆、種植樹木（但防過近，形成大樹煞）。

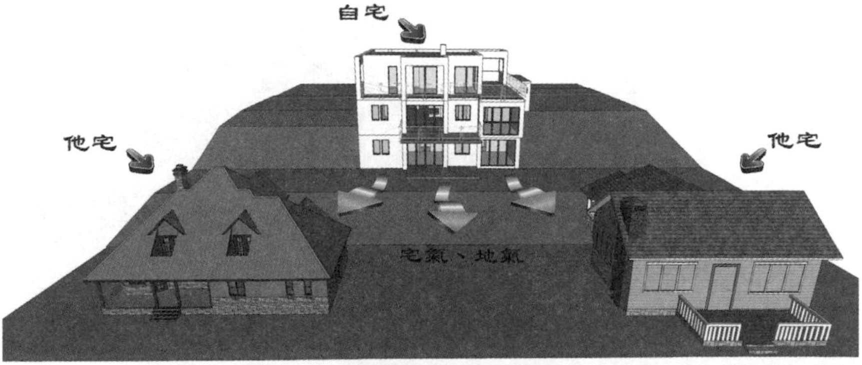

地勢高聳之宅又無遮蔽

地勢後高前低之宅

條件：1. 由自宅往外看，地勢越來越低。宅氣、地氣留不住而往前竄流。

2. 或是自家屋後增建的建物比屋前低（通常是增建廚房、倉庫等）。

影響：此又稱「退龍格」，犯此煞主一代不如一代、必須出外工作、錢留不住等凶應。高樓住戶住越高則凶應越小，而通常是透天或一樓的住戶才有可能在一樓多增建一隔間。

此外，若是將房子建在山坡地上，則要小心土石鬆軟程度，以防土石流發生。

改法：不挑低樓層去住，而且增建通常也會擋住消防逃生路線，需小心！

地勢後高前低之宅

小人探頭煞（探頭屋）

條件：自宅前後看見凸出之建物或水塔，好似小偷探頭探腦窺探。

1. 凸出的面積太大則不算。
2. 凸出物的距離太遠所造成的視覺錯位也不算。
3. 所住的樓層低，被遮住而看不到探頭煞的，也不算。

影響：所謂「前探出小偷，後探出母舅」：

1. 自宅前看到探頭煞，則家中出小偷、家裡遭竊。
2. 自宅後面出現探頭煞，則家中人犯桃花、家裡遭竊。
3. 若是神位看到對宅的黑色大塑膠水塔，則家中人易生病（形象感應：藥罐煞）。神位若看到對宅的白鐵水塔，家裡人有宗教信仰，甚至有人出家，嚴重時（反光嚴重時）會有血光之災（形象感應：類似和尚的光頭、刀光）。

改法：問題不至太嚴重，平時需加強門窗防盜設施。但若神位見煞，則需將神位移動到看不到形煞之處。

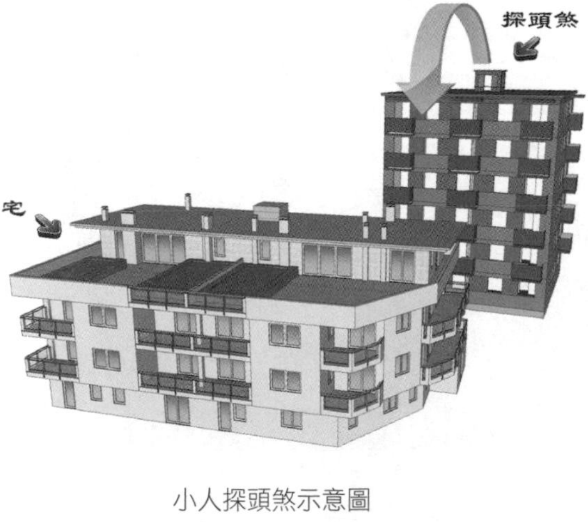

小人探頭煞示意圖

小人探頭煞

邊間住宅

條件：自宅位於邊間，左邊（或右邊）沒有遮蔽物的情況下成立。

1. 陽宅學稱的左邊（青龍邊）與右邊（白虎邊）皆以房子本身為主，從屋子本身向外看的左手邊為左邊，向外看的右手邊為右邊。
2. 自宅建物若是左邊空曠，由左方來的氣流、雨水等，會直接對房子吹淋，而影響磁場；右邊亦然。
3. 所謂空曠指的是，若兩旁的建物倒下來時，也壓不到自家樓層高度，則自宅的那一邊就稱為「無靠」，或是「空」。
4. 若是住宅後面沒建物則稱為後邊空，也有不好的凶應。但若是同棟大樓的前後坐向都有住宅，則此情形不構成後邊空的凶應。亦即自宅與後面的住宅

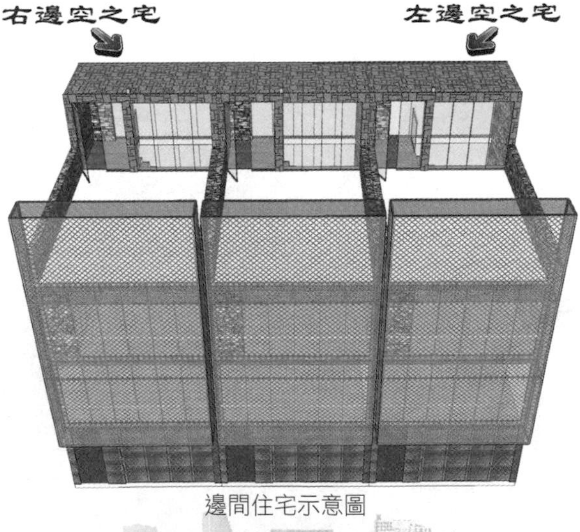

邊間住宅示意圖

共享一道牆，因此牆後面的住宅自然成為自宅的「後靠」。

影響：1. 左邊（青龍邊）代表男生，右邊（白虎邊）代表女生。因此左邊空，代表男人無靠，男主人的運勢、身體方面會每況愈下；反之，右邊空則代表女主人運勢、身體狀況會越來越低落。住右空之宅，久而久之，男生會較強勢也較懶惰。反之，住左空之宅，女生掌權，較強勢，而且男生外出的自信心、事業運較也不好。

2. 此外，左邊又代表自己，因此左邊空的住宅做為公司、辦公室用途的話，則代表客戶難搞定（俗稱：歹人客）、老闆管不住員工。若是右邊空

右邊空的住宅

典型的後邊空的住宅，除了有後邊空的凶應外之外，此宅還犯了後方增建（一代不如一代）的缺點，而且頂樓鐵皮屋並無法住人，否則人易生病

的辦公室，則有員工無心上班、流動率高、信心不足等問題，尤以女性員工更為明顯。

3. 若是後面空的住宅，則有沒主見、犯小人、少男丁（生女機會大於生男）、破財等凶應。

4. 因此深受一般人喜愛的邊間之宅，並不是好的陽宅，雖然邊間多了採光、通風等優點，但還是弊多於利。最好之宅是左、右、後邊都有靠，而且左邊建物長一點（有利男生出外）。

5. 居住於此三~五年後，凶應會較明顯。

改法：1. 以床位有靠來改善（見第三章）。

2. 做決策時多參考別人意見，以免太陷入個人主觀。因為一邊的建物太長與空曠，都是過與不及的表現，因此，人的決策也會受影響而多有偏頗。

高壓的鄰屋

條件：自宅的前、後、左、右有高於自宅兩倍高度以上的建物稱之為「高壓」。詳見以下說明：

1.「高壓」若為緊鄰的建物，則高壓成立的條件為兩倍高度；比如本大樓為三樓，而隔壁住宅為六樓以上，那麼鄰宅則對我形成高壓！

2.若高壓的建物與自宅不相鄰，則需扣除兩宅距離後，他宅高度仍有兩倍高於自宅高。比如：左邊住宅為八層樓之建築，自宅為三層樓之建築，兩樓相距約兩層樓寬。則依公式（8-2=6，6≧3*2），因此左邊住宅已經對本宅造成「左高壓」。「右高壓」、「前高壓」與「後高壓」的公式，也如同上面所述。「高壓」的高度越高，凶象越明顯。

影響：1.自宅左方的高壓住宅，會對家中男生產生一股莫名壓力，因此會有身體、事業不順等影響。反之，若為右方高壓之宅，則會對家中女性產生不好影響。通常是住上三～五年才會較為明

高樓旁之住宅

顯。

2. 前高壓之宅，會造成出門受阻之感、小孩不乖、小孩較笨、家人心情鬱悶等。

3. 後高壓之宅，會有家中人易生痔瘡、小孩不乖、家人心情鬱悶等。

4. 這樣的形煞，於公寓大樓的凶應不如透天厝，因為公寓大樓整體體積與重量較大，造成的壓力自然相對少上許多。所以，若您的公寓住宅不管是戶數，或是樓高等，都為較小規模的話，影響就較為明顯。

改法：

1. 有些書說虎邊高，稱白虎抬頭，家中女人較強勢，因此龍邊要放銅製的龍來鎮壓。這是錯誤的，因為右邊建物略高稱為「白虎抬頭」，也是上述凶應但很些微，但是高度高了兩倍，則稱為「虎邊高壓」。虎邊高壓對家中女人就較為不利。因為是不對稱形勢造成的，因此放銅龍也無法解，不可不知！

2. 住戶平時要有抒壓的方式，如運動、音樂、靜坐等等來減少精神上的波動。

聲煞、光煞

條件： 1. 光煞：自宅附近若有玻璃帷幕的建物，或稻田、水池的水經由反光造成光害；或是自宅附近的霓虹燈光、招牌造成的光害。

2. 聲煞：自宅四周有擾人噪音，而對人造成影響者，都稱為聲煞。如鄰居電視聲響、鐵軌、機場附近、車子喇叭聲響等。

影響： 1. 眼睛經由長時間光照射，易造成脾氣暴躁，睡眠品質有問題、口舌是非也多。

2. 長時間的噪音會影響情緒及健康，尤其是該休息睡覺的時間有噪音影響者。此外，若有鐵路或高速公路從四周經過，除了噪音外，車子行經更會帶走宅氣，使得財運不順。

改法： 加強隔音設備（必要時用隔音窗並採取空調），加強窗簾遮光效果。

玻璃帷幕的屋子反光嚴重

面對久無人居住或破損之屋

條件：自宅對面看見殘破之屋（如門窗破爛、牆壁破損等）或是久無人居住之空屋，都是不吉利的。

影響：見破屋主破財、犯官非；見空屋主陰氣重，易生病。

改法：看見破屋應請對方將之整修補齊。

牆面有植物纏繞

條件：自宅四周外牆上，有爬滿藤蔓植物者。

影響：犯官司，若植物太茂密則陰氣、濕氣重。若開有鮮豔花朵者，又主家中有人犯桃花。

改法：將植物拔除即可。

破損、無人居住之屋

外國著名的建築，爬滿藤蔓的外牆，再加上樹木遮陽、樹根鑽牆；其實不利人居住

門前見崩山或山形不美

條件：自宅門前的山形不美（尖形山、禿山、崩山、土石流痕跡）等皆可視為明堂不美。若是所居住的樓層低，被其他建物遮擋者，則不論。

影響：門前見崩山、山形不美等，主開刀、車禍、血光。此外，山禿不翠綠、尖形山勢等又主小孩不乖，適合從事武職。

改法：對到的房間不住人，尤其是神位不要見到。

土石崩落之山勢

三、屋內的房間擺設須知（內局形家）

這裡我盡量以條列方式、空間的使用功能，逐項說明一般大樓式住宅的屋內格局、內局風水所需注意的事項，希望讀者可以依照所述，逐項檢點，進而可以評斷、改善自家的內部格局。

當然不可能條列出各種情況，一定還有許多疏漏之處，但是對於常見的大樓公寓式住宅而言，應該已經足夠了。

自宅大門注意事項

1、若公寓自宅大門正對鄰居大門者，兩門距離不可太近，否則即為「相罵門」，心理上易形成壓迫感。

2、大門顏色忌深黑、深藍、紅色等，於視覺上易形成壓迫感，或有火氣大、生怪病等凶應。

3、大門不可使用子母門（左右都可開），主家人不和或肺部問題。

4、大門直通窗戶或房間門，形成「穿堂煞」，會應驗破財與心臟問題。可做拉簾、拉門、屏風來遮擋。

5、大門若有脫漆或損壞，應立即修補或更換。大門不可歪斜，俗稱「斜門－邪門」，主人品不正。

6、自家大門對著大樓的樓梯不吉，對著往上的樓梯主坎坷，往下的主破財；但還是以相對距離、空間狹迫及樓梯陡峭情況而定。

7、自家大門對著大樓電梯門，俗稱「開口煞」，主是非不斷；但還是以電梯使用頻率、鄰居素質、與門的相對距離而定。

8、大門不可為拱形門，主犯桃花。

大門盡量避免使用子母門

9、公寓大門若裝飾的比左右鄰居還豪華、高檔，則要小心遭竊。

10、一般對於大樓式住宅的大門而言，因為此處不是進氣的主要地點，而且也並非一直打開（一般進出後，都會馬上關住），因此門的方位不需太考究。

坊間有說門一定要開龍邊（左邊）或是子、午、坤、艮方不開門、三曜煞方不開門，都是不對的說法。門開的方向吉凶如何，應以屋內人所在的方位而定（參閱理氣篇）。

11、當自宅大門被貼郵件招領單或廣告文件時，應立即撤下，因為極有可能是宵小的測試手法，測試這個住家目前有無人居住、上下班時間等。

12、若家中人多或是可能過於吵雜時，大門應加上隔音玻璃、隔音條，否則易引來鄰居口角（尤其養有寵物時）。

13、我個人不反對掛八仙綵、山海鎮、凹凸透鏡、符咒等物來趨吉避凶，但是本來沒事的，若親友鄰居看見這些東西掛

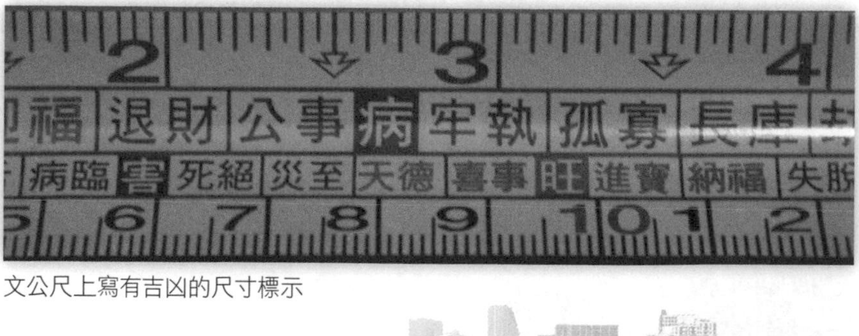

文公尺上寫有吉凶的尺寸標示

於大門上，反而有反效果，不是嗎？

14、承上，公寓大樓中，鄰居的大門上方若是貼有八卦鏡等避煞物，是不會對您有任何影響的，請勿驚慌。

15、大門開門見廚房，主破財、爭吵；但現代公寓式建築無妨。

16、開門忌見鏡，否則會因剛回家時精神不濟，而容易被嚇到。

17、公寓式大門，開門若見廁所其實沒有關係，但是廁所門要常關且需保持清潔。若有疑慮可加一屏風遮掩。

18、公寓大樓的大門若遇橫樑壓門，其實也是常見之事，於吉凶沒影響。

19、公寓大樓的大門若開門見餐廳，於風水吉凶沒影響。但是於用餐衛生上要小心。

20、大門太大或太小皆為不吉，要適中。而且不必一定要迎合文公尺上的吉字。

21、大門若設在樓上的廁所下方或廁所水管經過，俗稱為「臭門」，主離異、損財。但現今大樓的大門坐向固定，格局固定，加上水管包覆於水泥中，不會有衛生問題，因此此條例可刪。

22、獨棟式建築要留後門，若無後門則空氣流通有問題，尤其是深長之屋。但要小心前門通後門之穿堂煞的問題。後門不蓋在屋後中心三分之一範圍內，易遭小偷。

23、古人說門為陽、戶為陰，所以門要常開、戶要常閉。這是錯誤的觀念，只要是門窗，就要注意吉方常開、衰方常閉、空氣流通、引進陽光等大原則。

24、大門開的方向也不用考慮主人生肖、八字喜好；如八字喜水就開北方之門，或是八宅派說的門要開在宅主命卦四吉方等論述，都只可以列入考慮而已，不用盡信。

入口玄關注意事項

1、玄關為客廳與大門的緩衝部分，但並非每個住宅都有玄關的設計，公寓大樓若沒有玄關設計亦無妨。但是一般透天厝的大門為主要進氣之口，若方位不對則可利用玄關設計來改變氣流方向。

2、置於玄關處的穿衣鏡需小心擺置，否則進門或精神不濟時容易被嚇著。

3、玄關附近的東西要擺放整齊，否則常會有踢傷腳、口角爭吵等情形產生。

4、若玄關因風水考量而設計成狹小、動線不良，則結果反而適得其反！

入門玄關宜乾淨、不緊逼

5、擺放鞋櫃時，需小心異味及排放整齊，若可以的話，使用密閉式鞋櫃較佳。
6、玄關內地勢若高於大門時，會將宅氣洩掉，但是可以用踏墊補齊，不需擔心。
7、玄關顏色以清淡、明亮為宜，切忌有陰暗之感。

客廳擺設注意事項

1、沙發位置需注意壓樑的問題，可以利用靠枕來避免頭位在樑下。
2、大型落地窗與其他門的位置要注意，不要形成「穿堂煞」。
3、吊燈不要太突出，會有壓迫感。
4、天花板高度不要過低（<220公分），壓迫感亦大。
5、要避免「多張口」的掛圖（如百子圖、八駿馬），如此家中的開銷亦大。
6、主人常坐的沙發要注意後面有靠（牆面或實物），尤

居家忌掛多口造型的圖，開銷較大

其男主人則更需左邊有靠。若椅子離牆壁的位子不恰當，則可使用茶几或擺放櫃子來當「左靠山」。

7、不可陳設刀劍或猛獸雕刻品、圖畫，家中易有血光意外。

8、大型魚缸易起潮濕，且擺放位置不對反而對於催財有反效果，弊多於利。

*關於財位找法及擺設，請參閱附錄。

9、家人常坐的沙發位置的「理氣」亦要做考量，對內外的門窗以納吉氣為吉方。（參閱前篇）

*目前元運（~西元2044年立春）的吉方為：吸納乾氣（收到西北方的氣）、兌氣（西方）、艮氣（東北）、離氣（南方）。

10、俗話說「明廳暗房」，客廳為家人常聚之所，因此不可堆放雜物、光線昏暗、空間狹小，如此會形成不良的空間氣場，易造成家人不和、個性不開朗等影響。因此，客廳採光或燈光必須要明亮、物品收納整齊，自然心情也較為開朗，家人感情和睦。

11、客廳旁的大落地窗往外看為公寓式住宅的明堂，因此明堂往外看越寬廣，表示居住的人胸襟、前途也較寬廣。同時，亦要小心種植的花草盆栽太茂盛，而遮擋陽光或進氣且易造成潮濕。

12、冷氣空調的出風口需注意人的方向，否則容易頭痛感冒。

13、除非特殊需求，否則客廳不宜選用紅、粉紅、紫、藍色等色系。

14、天花板的橫樑、邊角若太過凸出的話，會影響氣場流動及造成視覺壓力，可設法以裝潢化解。

15、沙發後掛圖不可為瀑布、流水等圖，否則稱為「淋頭水」，主頭痛。

16、客廳內的裝飾品如字畫等，要符合自己的身分地位。如任職於文教業或讀書人，房間掛關公、財神等掛像，實為不當。

17、牆壁破損或油漆有脫落、壁癌粉塵等，主身體不好，易患皮膚病。

18、日光燈管應與家中的大落地窗平行，不應朝向落地窗方向。

19、若家中坪數不大，則廚房與客廳

橫樑壓頭時，需增加沙發後靠厚度以避之

最好要有隔間設計（非開放式廚房），否則主家中開銷大。

20、客廳陽台處不應擺放、收藏大型石頭，否則擋住氣口，家運亦不順。

21、客廳陽台不種有刺的花或仙人掌，主皮膚怪病。

22、客廳陽台的空間不堆放雜物，並保持乾燥，若有寵物請移至他處，以免家中衛生問題產生。

23、佛像、神明掛圖等請勿收藏於櫃子裡，若家中無法擺飾，則應送往他處處理。

24、很多古董都附有外靈，所以帶回家的古董飾品，最好於陽光下曬一天一夜以上，或請人處理過後，才安全。

25、財不外露，一般保險櫃或貴重物品，勿置於客廳明顯處，以免遭竊。

26、一開門即見客廳為較佳設計，若需經過房間、廁所、廚房等才能通到客廳者，實為不吉。

常見的螺旋形梯造型

27、空間配置上，客廳範圍較為大，若房間設計比客廳大時，則無主體、客體之分。

28、客廳、寢室、書房的金屬家具要少，因為身處在鋼筋水泥大樓中，身體、精神上已經受金屬影響、干擾磁場了，所以更不應該添增過多的飾物。

29、客廳與其餘房間的動線設計要流暢，因為此為全家常聚之所，要拐彎繞角的設計，會造成口角與不便。

30、客廳開門見梯不吉，尤其是螺旋型的梯子，氣場混亂、不利心臟、犯桃花。目前常見於夾層屋的套房式住宅，要設計有擋遮之物化解之。

臥房擺設注意事項

1、床位不可壓樑，有男主人時，其床的後面及左邊（躺下來時的左邊）要有靠，若只有女主人而已，則後面及左邊有靠或後面及右邊有靠都行。「有靠」的意思是有實牆、床頭櫃……等，床要貼齊它們，產生有依靠的感覺，增強潛意識的安定感。若是壓樑的情形發生時，要裝潢將天花板補平，只裝潢將樑柱包覆成圓弧狀亦不行！

2、床底下不置雜物，要離地40公分以上為佳，否則穢氣無法散掉，而造成腰酸背痛。

因此，現在有一種床底下設計成可以收納棉被、雜物的床架，是不利於健康的。

3、臥房要安靜，空氣要保持流通，因此，睡覺時不要將所有門窗關閉，要留一縫隙對流通風。

4、臥室（地板及牆壁）顏色不宜五顏六色，顏色宜採淺色系，尤其有些女性喜愛粉紅色系，更不吉，會造成火氣大、口角紛爭。

5、小心更衣鏡擺放位置，不要對床頭、床尾及門口（會嚇著）。

6、臥室不高堆雜物，主壓力大。

7、若有衛浴同處一室之套房，需加強除濕及衛生問題。

8、房間內擺放娃娃，開銷較大，口舌是非也較多。

9、主臥房不宜與神位同一道牆，因為容易對神明不敬（男女之事）。若無法避免，則神明可擺至神櫥、神龕內（如此才有後靠），而此櫥櫃不可貼牆，否則仍有震動影響神位；而因為沒貼牆，所以要特別注意，櫃腳左右不要擺成歪斜，要與牆面對齊。

10、地下室及樓梯下的空間不可做為臥房。

11、廁所門沖床位，主腰酸背痛，但是若可克服潮濕及排風問題則影響不大。

12、風鈴、魚缸馬達、大型擺鐘等會有聲響的東西，最好不要擺，易患腦神經衰弱。

13、床頭與房門同一面牆，稱為「反睡」，睡眠品質不好。因為無法得知進來的人是誰，久之，會有腦神經衰弱。

14、冷氣空調的出口要小心，需避免對人直吹，易患頭痛感冒。

15、臥室的門與窗戶要小心呈一直線，稱為「穿堂煞」，身體財運都差。

16、床頭開窗，易犯小人、人沒主見、頭痛感冒。

17、房間內最好不要擺放太多個人收藏品，如石頭、娃娃等，個性較古怪且易起口角。

18、若有桌角、櫥角、很突出的柱角沖射到床（尤其是枕頭的位子），會睡不安穩、

「反睡」示意圖，床離門越近越不好

身體差。因為這樣會造成氣流紊亂，進而影響健康。（壓樑的原理亦同！）

19、臥室不可太大，會睡不飽；臥室不可太小，會因壓迫感而無法放鬆。

20、廚房門沖臥室門，古法說不利健康；但現已沒燒柴薪之爐灶了，而且食物都放置於冰箱內了，所以無妨。倒是廚房油煙要抽乾淨，否則長期下來對身體不好。

21、俗話說：明廳暗房，所以臥室光線不宜過亮，如此才有利睡眠品質，但也不宜太昏暗，可置床頭燈做臨時閱讀燈使用。

22、空氣要有流通，就算是開空調冷氣時，也要留一點縫隙，否則不利健康。

23、如果可以，臥房不要放電視，也不要將工作帶進來，睡前半小時腦袋要淨空，過多刺激容易造成失眠。

24、床頭離房門過近亦不吉，因為開關門會將頭附近的氣流帶走，不利健康。

25、睡覺枕頭位置的「理氣」亦要做考量，對內外的門窗以納吉氣為吉方。（參閱理氣篇）

26、一般人喜歡將床擺放在中間（床的左右兩邊與牆壁的距離相等），如此形成「龍虎鬥」，夫妻間誰也不讓誰！

27、床頭上方擺放山水圖畫，為「淋頭水」，主頭痛、不利生育，掛猛獸圖亦不吉。

28、床位上方的燈具不宜凸出，原理形同壓樑，不利身體健康。

29、臥室不宜貼長毛地毯，容易潮濕發霉，同時不利氣管，若有嬰兒小孩時更嚴重。

30、兩間臥室的門相對，主口角；若有三間房間的門相對，形成「品字」狀，也是主口角。

31、臥室內盆栽不可過多，造成潮濕及氣場混亂，多病痛。

32、床頭不掛吊圖或婚紗照，是因為會有掉落的精神壓力，睡不安穩。而且晚上起床迷糊時會感覺看見人影，也有嚇到之虞。

33、床不可任意搬動，需擇吉日搬動才行，尤其是有孕婦，若要搬動還需安胎符，以求平安。

34、不可因為要配合八字，而將床斜著放。

35、現今住宅的床鋪下有化糞池、水管都無妨，

龍虎鬥-床位左右邊等長，夫妻間誰也不讓誰

因為有水管及水泥包覆，不會有衛生問題產生，但要小心，若可聽見沖水聲，仍屬不吉，會患腦神經衰弱及損財。

36、含衛浴的套房，需小心廁所門沖床位（尤其床頭），會有腰酸背痛等問題。其實若將衛浴的濕氣處理好，上述問題應該不算嚴重。但是還是會有睡眠品質受影響等問題，因為他人如廁時的開燈、沖水都還是會影響到。

37、臥室門沖到廚房、沖到瓦斯爐、沖到冰箱等，其實於現代建築都沒關係，因為現代廚房已無柴薪、灶口，現代冰箱也是緊閉衛生的。

38、臥室不宜擺太多沙發，主夫妻感情不好。

39、臥室門口忌沖神位，如此有不敬之嫌。

40、有人說臥房擺紅色鮮花可催桃花，是有心情愉快的暗示效果沒錯，但是不可擺假花，而且花即將枯黃時需趕快更換。

41、房子的變電箱不設計於臥房、書房等地方，否則影響睡眠品質與身體健康。

42、臥房宜方正，畸形與缺角的房間不可做為臥室之用。

43、俗話說：「房中房，家中必有二房」；臥室內再隔出一間房間做為其他用途，可能做為書房或是更衣室使用，嚴重者還會再放一個床鋪於此，這都屬於房中房，其暗喻家中會有桃花、劈腿之事。但這些陳述實待考證，我想只是古時達官貴族有錢、房間也大，所以會多出空間來挪做他用。而原本有錢男人弄點花樣的比例也高，所以就有此說法。現今房間設計多為有小更衣間的主臥，難道每戶人家都會有桃花事件嗎？

44、臥房不設於騎樓上方，懸空不實沒有地氣。

45、床墊、床架如果可以選擇，不要挑選有金屬材質、填充物的。因為金屬會干擾磁場，不利睡眠品質與身體。

46、婦女有身孕時不要隨變更動床位，也不要睡很低的床鋪，床下亦不能雜亂。

床位對門只管理氣吉凶，不用理會「扛出去」的凶應

浴廁擺設注意事項

1、廁所若與廚房同面牆壁沒有關係，因為現代的廁所已經是用塑膠管路包埋，且牆壁也已都是水泥牆了，所以沒有衛生問題產生。

2、廁所門不正對大門、神位，主是非多，雖然可以用屏風遮掩，但對於神位還是盡量避免之。

3、廁所（馬桶口）不能位在房子的十字線上，主不順。

4、廁所不可設於神位後，或廁所門沖射到神位，主人不安穩、不名譽、犯小人。此外，神位聽到馬桶沖水聲，也主神明待不住，家中易損財、不平安。

5、若廁所沒有窗戶，則宜加強抽風、除濕設備。此外亦可在廁所放置海鹽一

衛浴小馬賽克磁磚要常刷洗，易生細菌

盤，若海鹽潮濕結塊時再行更換。這是提醒您空間潮濕的一種指標，而且鹽也有淨化空間磁場的功能。

6、廁所沖床位，主腰酸背痛（參閱臥室注意事項）；廁所門沖書桌，小孩讀書坐不住。

7、若有老人或行動不便之人，浴室、廁所內的防滑或扶手的設備也需考量。

8、浴廁廁所口的吸濕毛毯需常清洗，關係家人健康甚大。

9、現代建築中，廁所門與廚房、瓦斯爐、冰箱相對沒有關係，除非距離非常靠近。但仍須以衛生問題為考量，如廁完需馬上沖水與蓋上馬桶蓋（沖水時會將細菌沖出，需要蓋上馬桶蓋）。所以若參考古書說的：「廁所門與廚房相對，則一定不可居住」，其實若您衛生觀念正確，是沒有一定要搬家的！

10、廁所之馬桶坐向沒有硬性規定，以方便使用為原則。有風水師說馬桶不能於西北方，或與住家坐向一致，否則都屬不吉、會長疔瘡云云。其實以上全為謬論，因為現今的抽水馬桶已非以前茅廁，全無風向、坐向考量。而古時的茅廁需要考量方向性，也幾乎全是衛生上的考量居多。

11、古人說：「龍怕臭，虎怕鬧」；指的是家中龍邊（左邊）不能建廁所，虎邊（右邊）不能開門。其實是指古時坐北朝南之屋而言，而現代建築則不能以此從一而論之。

解說：中國大陸喜歡建造坐北朝南之房子，而且大門喜歡開龍邊（屋子左方），是因為中原地方，冬天吹西北風，夏天吹東南風。因此冬天時吹的冷風就不會直灌屋子，造成感冒。而夏天時所吹的東南風，若是因為廁所蓋在龍邊的話，則臭氣不就直接吹入家中？尤其夏天更因天熱的關係，易有蚊蟲、惡臭產生。而若是門開虎邊，則因為夏天悶熱，沒有自然風吹入宅中，古時候又沒空調電扇而容易生病、食慾不振。綜合以上所說，因此才有「龍怕臭、虎怕鬧」

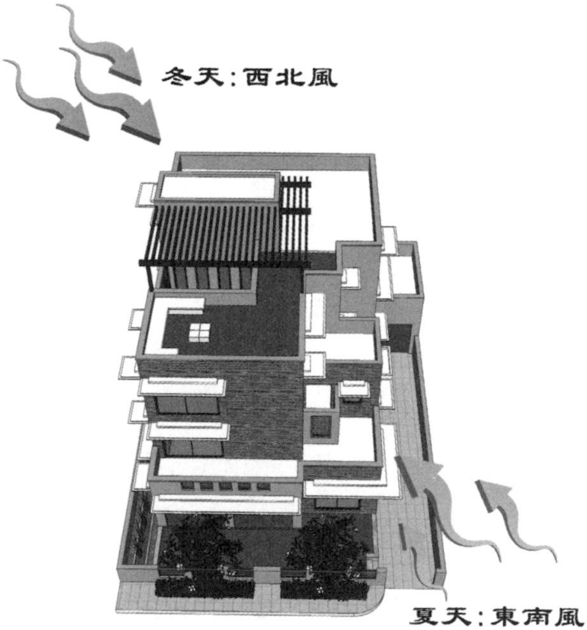

坐北朝南的房子示意圖

的說法。在現今的台灣地區，幾乎所有坐向的房子都有人居住，而且浴廁、大門的擺放位置也都不一樣，那麼參考古時候的說法，您還覺得適當嗎？

12、廁所門沖辦公桌主坐不安穩；廁所門沖金庫口主漏財。

13、廁所不宜建在房子正後方，後方主龍脈，主生暗病或不明疾病。但以目前公寓式建築而言，還是以整體房間分配而論，所謂「一物一太極」，因此每間房間都有自己的吉凶，不一定屋後建廁，其後方來氣一定就會受影響。

14、現代建築中，浴廁門沖房間門沒有關係，切勿擔心，不需大興土木改門、改隔間。除非廁所靠床位、書桌很近，加上個人衛生差、浴廁除濕、抽氣系統不良等因素，導致穢氣、潮濕影響身體，進而造成生病、精神不濟。

15、浴室內的止滑墊與坐椅，需要時常清洗與乾燥、除霉，否則亦會影響健康。

16、浴室內若有小孩的玩具，請找一處收納整齊，否則易因滑倒或不小心而受傷。

17、衛生的考量下，貼身衣物不宜置於浴室過久（如過夜），否則容易因潮濕而滋生細菌。如果是貼磁磚的內嵌式澡盆，則最好選擇大磁磚來貼覆，否則會因磁磚接縫多，因潮濕而易生細菌。要不然就要常常清刷它。

18、有一說：浴室不宜設在自家的南方，因為南方屬火，而浴室是屬水，容易造成水火不容，不吉之象！其實這是無稽之談，不需理會！否則現在幾乎都是建商統一建造的房子，豈不是大家都是統一吉凶？那還需看風水嗎？

同理，之後如果您再聽到如以下似是而非的說法，就可以依科學判斷，這論調正確與否了！「浴廁不能在西南方（坤卦，五行屬土）、東北方（艮卦，五行也屬土），五行中土剋水，所以這兩個地方不能放置浴廁。」

19、浴廁大小應以居家面積大小為考量，若浴廁太大太豪華，則家庭經濟易受阻礙（奢華心態所致），而太小又有小氣、壓迫等心理作用。

廚房擺設注意事項

1、爐灶盡量不與水槽、冰箱相對；依照古時的論法，如此容易產生細菌，但是現在的自來水與冰箱（古時為菜櫥，容易因爐灶熱氣造成食物腐敗）都沒有衛生問題，所以此例可刪。

2、爐灶與水槽呈L型，易犯桃花；但此現象較不明顯。

3、煮飯的地方後面不放低的櫥櫃，無形中會有壓力存在。

4、開放式廚房會有花費大的剋應。

5、左邊為火爐，右邊為水槽稱為「吃龍水」，有易吃藥或健康食品的剋應，但此現象亦較不明顯。

6、爐灶（現為瓦斯爐）上方或旁邊有開窗時，要小心灰塵、日曬等衛生問題。

7、爐灶與神位相沖會有火氣大、不聚財的情形產生。

8、爐灶壓樑也要小心灰塵掉落等衛生問題。

9、煮飯時，人不可與房子同向（亦即人不要對門，看到人進進出出），主家人不和。

10、古時稱廚房為財位，是取其「食祿」之意，若廚房沒食物，則此家人應該沒什麼錢。但現今很多家庭並不開伙煮食，而且就算有煮食

水火相射-瓦斯爐對到水槽

時，人待在廚房的時間也不多，因此風水上略有瑕疵是無妨。

11、一般家庭的廚房與餐廳不宜在同一空間，應隔開較佳。

12、廚房爐灶上橫樑壓灶，不利婦女健康。其實原因有二：古時樑高很少清刷，若有灰塵、小蟲從樑柱掉落，則易飲食不潔；另一原因是古時婦女長時間在廚房，橫樑壓也是不利健康。現今下廚時間少，而且瓦斯爐上方就是抽油煙機，所以比較不會有此問題。

13、瓦斯爐的坐向沒有硬性規定，需合八字的說法更為謬論，不需理會。

14、爐灶後方最好沒有空曠空間，否則主身體不適、不聚財。

15、爐灶下方有溝渠、水管等，需加蓋或隔絕空氣，以避免異味上衝及昆蟲滋生所造成的衛生問題。

16、廚房（尤其是食物料理處）若對著浴廁門，主腸胃有問題。

17、廚灶（瓦斯爐）沖牆角，主家人腰酸背痛；其實這凶應並不明顯，勿驚慌。

18、廚房動線要流暢，電器、碗盤收納要有定位，否則易家人口角，甚至火災意外發生。

19、爐火正對冰箱，古時稱為「冷熱不合」，腸胃易有問題；其實這凶應並不明顯，勿驚慌。

20、有一說：「供水系統必須由屋宅前遷入，由屋後排出」。其實此說是「收逆水」的意思，表示此宅地勢較外面低，因此水會如此流動，也因此住此屋會聚財。但是，現代公寓式建築已無此論法了，況且我們很難改變大樓的管路配置。

21、灶台不可安於前後陽台之上，因為油煙易飄散於房中。

22、廚房門對著房門，古人說對女生不好，其實應該是對住房間的人不好。但是凶應亦低，不需緊張。反倒是要注意抽油煙機的效能，否則油煙味直入房間，健康上真的就不好了。

23、瓦斯爐緊鄰水槽，或是瓦斯爐與水槽相對，稱為「水火相射」，主多病痛或桃花。其實這凶應並不明顯，勿驚慌。但是需小心污水噴濺，污染烹煮中的食物，造成家人生病才是。

24、有陽光射入的廚房（如開天窗、位於窗邊），調味品及食物要小心收藏，否則易腐敗。

25、廚房風水論法多偏向於健康、衛生方面，而我覺得個人的衛生習慣影響應較為明顯。如切生熟食的刀具、砧板需分開使用，廚房的廚餘、垃圾亦需時常清理等等。

26、古時候論法：「廚房不設於房後中央位置，會斷龍脈。」於現今的大樓公寓不需如此論斷。

27、俗說一家有兩灶，主婆媳不和。我想婆媳不和原因很多，而且此論述有點倒果為因的味道。而目前建築也多無此設計，此例可刪。

28、廚房位置不需特別考慮宅主命格、生辰，因此造成居家動線不良，反而適得其反。

29、瓦斯爐旁開門、窗要注意，吹進來的風容易吹熄爐火，造成瓦斯外漏的危險。

30、廚房與浴室相對為水火相剋，不吉利。正統風水論法應該沒有如此說法，此例為「想當然爾」的論述。但若以飲食衛生的觀點來看，相對的浴室有抽氣、除濕設備實為較佳。

31、承上，針對廁所對廚房的風水問題，我們仍要以飲食衛生的觀點來看。加強個人衛生習慣、除濕、除臭設備，才是風水條例背後的真正含意。

小孩房間擺設注意事項

1、小孩房間粉刷顏色不宜粉色、不貼奇怪的動物圖像（如怪獸、恐龍等）與五顏六色的壁紙。

2、書桌離床太近，讀書會想偷懶。

3、床及讀書處不可壓樑，身體差、讀書運亦差。

4、書桌面向廁所，考運不佳。

5、小孩的玩偶若有損壞，應立即修補或丟棄。

6、小孩床位後面要有靠，而左右無靠較沒差（上國中前）。

7、書桌採光要注意，不足或太耀眼都會心浮氣躁。

8、玩具與書房應分開擺置，否則小孩讀書易分心。

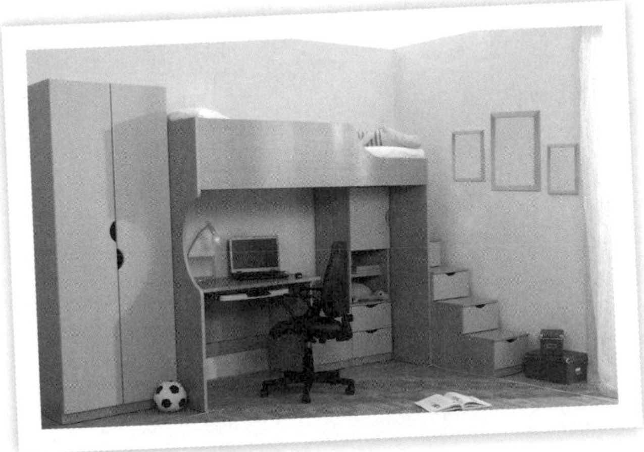

省空間的書桌床，建議小孩國中前使用即可

9、小孩房不養魚缸與寵物，身體差、讀書亦不專心。

10、房間不放置風鈴等物，易分心與腦神經衰弱。有一種底下為書桌，上面為床的設計組合，除了需考量天花板高度外，這樣的設計在風水上是不吉的；因為床下有雜物又太高，而且讀書時又有壓樑的疑慮；尤其是小孩若是晚上如廁時，更有可能跌落下來，十分危險。

12、書桌前不可有高物堆放，有壓迫感。

13、其餘小孩床鋪擺設部分，請參考前述的臥室篇。

書房、工作室擺設注意事項

1、書桌、辦公桌壓樑，主有壓迫感、頭痛。但樑小不顯眼、且人不在樑下時，凶應不大。

2、書桌、辦公桌後方不置魚缸，主沒主見、犯小人、坐不住。

3、書桌、辦公桌不設在神位下方，神明坐不住。

4、書桌、辦公桌太靠近門口，主坐不住。

5、書桌、辦公桌前方有窗戶時，需考慮到陽光照射問題。若後方有開窗，則有犯小人、坐不住等問題。

6、書房、工作室不放置酒櫥、電視等物，既不對稱又會分心。

7、書桌、辦公桌若要使用較深的顏色，應配合空間大小以及室內光線，否則有壓迫感。

8、辦公桌上龍邊（左方）宜高、重，虎邊（右方）宜低、靜。因此，電話、印表機電腦等可以置於桌子的左邊。

9、工作、讀書之處的收納設計應加強，否則易心煩或效率不彰。

10、書桌、辦公桌的座椅處（人所在的位置），要收到內外氣是吉方的來氣。其餘方位則不需考慮太多。

11、若佈置有保險庫或金庫，方位不需考慮，但須注意不要在顯眼處。

12、書桌沖廁所，古云文昌有破，於功名不吉。

13、書房、小孩房、客廳往外

文筆樹的形狀

看，不要面對散葉的植物（如檳榔、椰子、香蕉樹等），像似畫圖、畫符的毛筆，不像書寫的毛筆。如此象徵文筆不聚，此為形煞的問題。

儲藏室、曬衣間擺設注意事項

1、一般公寓會將熱水器裝在曬衣間，需小心安裝地點的安全，或是加裝強制排氣設施。

2、陽台隔為儲藏室使用時，若為客廳所在的前陽台則較不妥，因為明堂受阻，前途亦受阻。

3、儲藏室設計：重物不往上堆高，危險物品置於高處讓小孩子搆不到。

4、有人說儲藏室為古時的「倉庫」，因此方位需配合主人生辰八字，此為無稽之談。

5、購屋時可察看曬衣間位置，與自家以及鄰居的排油煙機的排氣口位置，若不妥，可裝潢改善。

6、針對高樓層的曬衣間，還需小心衣服受風吹落的情形。

7、後陽台種植花草無妨，但須注意潮濕及遮住陽光等問題，尤其若是後陽台是另一房間的進氣口時，會使住此間房間的人不順（氣口有阻）。

擺放祖先牌位、神位需知

1、公寓住宅因受限於空間，因此家中若無較佳的場所放置牌位、神位時，則需考慮不安置於家中，否則會不蒙其利、反遭其害。神位、牌位若安置不好，不只住宅內的人受影響，連住在外面的同系血親其他人亦會受影響。而且神位吉凶影響的速度極快，不可不注意。

＊女兒嫁前也算同一家人，嫁後則不算，但離婚又算同一家人了。媳婦嫁過來後就算同一家人。

2、神位最好與住家同一坐向，否則如同「面壁思過」，主家人不和或有傷心事、病痛。您可以看到，很多餐廳都這樣擺放，雖然有些店生意很好，但是臉都臭臭的、不耐煩或是經常大小聲。

3、神位宜安於不動方、安靜方；切勿安於通風處（旁邊後面開窗、空調出氣口）、走動處（辦公座椅、沙發前後）、吵雜處（電視音響、廚房）。

4、神位要安置於實牆處，切勿安在容易晃動的木板隔牆上、震動的馬達旁，造成神明易受影響、待不住，人們也住的不安寧。

5、臥房內不安神位、主臥房旁牆壁也不安神位（男女之事）。

6、廁所前面、廁所同一面牆亦不安神位。

7、神位因為擺放位置較高，因此從神位本身看出去，會看到外面的形煞，雖位置離自家遠，還是會有凶應發生，不可不察（關於形煞部分，請參閱前章形煞篇）。

＊常有神位見對屋的黑色塑膠水塔，表示吃藥不斷；見到白鐵水塔，表示家中會出出家人，或是對宗教有濃厚興趣者，若是水塔能反射到陽光，則表示家中易有意外血光等事。

8、神位不壓樑，神位不沖牆角、桌角，神位不沖柱子。

9、神位需開光點眼，始有神入住。開光點眼需擇吉日，且有一定道儀，可交付專業人士處理。

神位高度對到吊扇，主凶

10、神位安香入宅的日子，也需要擇吉日進行；可與開光日不同日（先開光），也可與人入宅的日子不同。

11、凸出的日光燈管也不能沖射到神位，多意外血光之事。同理，也需注意到神位看出去是否見到吊扇旋轉（同高度尤凶）。

12、家中神位不宜安太多座（最多三尊），以單數尊為原則。

13、神明爐高度高於祖先爐，香火最好高於人眼睛。神主牌高於神位，則表男人事業不順、多病痛，家中為女人掌權。

14、爐內香灰不要滿過爐面，可於農曆初一、十五的早上八點前將爐面清理，並拔香腳（可留三支香腳）。香灰可舀出放置於燒金桶中，待之後隨同金紙焚燒過倒掉即可。

15、焚香禱祝時，香以單數為原則，每尊插一支即可，切不可多點，以免招來外靈。

16、神像若髒污，切記不可擦拭，否則會退神（隔著玻璃窗框時，若玻璃窗有灰塵則可擦拭玻璃）。每年農曆12月24日為送神日，可以於此日後擦拭神明，但仍不擦拭其臉部。

17、神位及牌位宜內外氣收納旺氣（請參考前面理氣篇）。所以正對大門沒關係，重要的是納到旺方來氣。有一說，觀音菩薩宜坐西向東，此說不合理，萬一納到衰氣則反而不利。

18、神桌應莊嚴樸素；神明燈要長年明亮，晚上還是保留打燈，且燈壞了就要馬上更換。

19、神位下方、左右方均不堆放雜物。也不要讓神位面對晾的衣服、堆積的穢物，主不敬。

20、因為是公寓建築，所以可能沒有專門隔間做安置，需注意神明前不穿內衣褲走來走去。

21、神明是要與人親近的，因此若將其安置於頂樓，但是卻不常走動去親近膜拜，反而不利。

22、同上，公寓頂樓若是炎熱的鐵皮屋，沒有通風、空調降溫，則神明會坐不住，拜之亦無多大功效。

23、神明爐以銅製，祖先爐以瓷製為主。爐子大小以神像大小為考慮，高度以不超過神像肚臍為主（超過一點無妨）。神明爐內可以置五十、十元、五元等三枚硬幣放置爐底，或是置放金、銀、銅、鐵、錫等五寶，置寶據聞可催丁；但是祖先爐內不可置寶。

24、祖先牌位（祖龕）是為祖先的居所，因此若木板有破損、剝落缺字等情形，如同我們人住的房子被判定為危樓一樣，則需要更換一個新的牌位。當然要經過擇日、先向祖先稟明，將舊公媽龕請下抄錄至新龕，再吊靈過來。然後將舊龕退靈，祭拜完後，燒金紙，同時將舊公媽龕一起燒化……等等專業流程。

25、神位不可見光煞，如對面玻璃、鏡子、白鐵水塔等。

26、關於神位、祖先牌位的擺法，還有許多注意事項，此處只先註明一些風水上較需注意的地方。想知道更多的讀者，請到書局購買專書。

因為公寓建築中，有擺放神位的已經越來越少了，除空間受限外，若是雙薪家庭夫妻皆需上班，每當遇到拜拜之日時，都可能成為一種負擔；如此之下，神明、祖先也不會開心的，不是嗎？因此還是建議將祖先牌位送至專門的地方供拜，而想親近神明時，則到廟裡去膜拜即可。

神位忌看到白鐵水塔

西
東
北
坎
癸
子
壬
亥

第伍篇　公寓大樓型的辦公室、店面風水須知

一、辦公室注意事項

一間公司的營運成敗因素很多，因此，有些風水師接到幫公司行號看風水的案件時，除了營業辦公處的風水鑑定外，還會看公司負責人本身的居家風水好不好、先人所葬之處有無問題，再一起做一個調整。當然這些已經是脫離本書所要呈現的「大眾知識」的範圍了。但這也是在此篇開始之前，我想要再強調一次的，風水只是人生所有面向的其中一部分而已，企業的商業定位、大環境好壞，甚至負責人當時的運勢高低，都是決定事業成功的因素之一。在此，我們盡量寫出辦公室風水注意事項，至少老闆在layout安排上、員工在個人崗位上，都有一個簡單的依循。

行業別與五行：傳統五術總喜歡將東西歸類陰陽、五行，然後自有一套開運解厄的學問因應而生。傳統的行業很容易歸類成金、木、水、火、土的五行分類，但新興行業或是業務範圍眾多的公司，其分類往往是不同五行的綜合體，讀者可以依意自行推演。行業五行生剋之說常見於各學派中，因此讀者不妨信之。

‧**原則1：**個人職業選擇要配合命中的五行喜好選擇，例如八字命格為火，則應選擇火或木的五行職業。相信這個規則，一定困擾不少算過命的人，因為假設一個人已經做了很久的裝潢工，而算命師告知要轉做小吃業才能適合，那麼他究竟要怎麼辦？其實，我覺得做自己喜歡且擅長的工作就可以了，相信而不迷信才能顯現自己的價值，若行有餘力時再花時間去學習第二專長，等時機成熟再去轉職，如此不就更穩當？

‧**原則2：**招牌、公司logo色調、公司取名等要考慮行業五行或負責人命格五行，以生旺為佳，不宜剋洩。

‧**五行顏色屬性：**金為白色。木為綠色、咖啡色。水為黑、藍色。火為紅、粉紅、紫色。土為黃色。例：金剋木，因此屬木的行業盡量不要使用白色的logo與裝潢色系。

‧**五行屬木的行業：**與木材、植物有關之業，以及直向伸展性之行業。如家具、合板、木器、木材、建材、裝潢、園藝、花草、盆栽、竹器製品、茶葉、文具、書店、出版社、文化事業、纖維、布業、紙業、書籍、作家、教師、種植、公教、政治、中藥、醫療、藤製品、榻榻米、木模、模板模型等；發明、新創設計；農業蔬果、糧食；補習班、布匹買賣界、銷售敬神物品或香料店、宗教之事業，或售賣植物性之素食品。

股票類別：紡織類、橡膠類、紙類、教育出版。

·五行屬火的行業：與能量、能源、發熱性等以及向上延展性有關的行業。如燈飾照明業、照相業、煙火業、泡棉、電機、油業、酒、瓦斯、加工、製造、再製、工廠、維修、食品、熱飲食小吃業、手工藝、理燙髮、美容、化妝品、服飾、百貨、電機、印刷、燃料、半導體、鍛造業、煉鐵、鑄造、太陽能電池、電線電纜、爆竹、軍警、電器維修、垃圾處理等。

股票類別：塑膠類、照明類、電器類、電機類、電腦硬體製造類、電線電纜類。

·五行屬土的行業：與土地、石礦有關之行業，以及固定基礎性之行業。土產或地產性質、農作性質、畜牧性質、大自然原物性質、中介之性質。此外土是剋水之物，故防水事業皆屬之（即雨衣、築堤防、容水物器……等）。中介之性質：當舖、所有中間人、介紹業、及代書、律師、說客、法官、代理、管理、建築師。代替、買賣、設計、顧問、秘書、附屬品、附屬人均是。及喪葬、禮儀事業（如殯儀館、墓碑店、喪業代辦所、和尚、尼姑、為往生者裝飾業）、命相館、堪興家等。又零碎整理事業：如書記、記錄員、會計師也屬之。

股票類別：水泥營建類、食品類、玻璃類。

‧**五行屬金的行業：**與金屬、金融有關之行業，及堅硬、尖端、延展性之行業。

粗鐵材或金屬工具、材料等方面之事業，鋼鐵工廠、五金行、鐘錶行、眼鏡、鑄造、金屬加工、堅硬事業，決斷事業。武術家、鑄刀劍、鑑定師、大法官、總主宰、民意代表、汽車界、交通界、工程業、科學界、珠寶銀樓界、伐木事業、售機械界、五金買賣、電料界、電氣店、保險業、金融界、信託、股票、會計、影歌星、音樂家、西醫西藥。

股票類別：汽車類、鋼鐵類、電子硬體類、金融類、證券類、生技製藥、保險。

‧**五行屬水的行業：**與水、寒性質有關之行業，以及四散、向下流動性之行業。

漂游性質、奔波性質、流動性質、連續運動性質、易變化性質、水屬性質、音響性質、清潔性質均屬之。航運、航海界、水族魚類界、釣魚、水產養殖業、水利界、冷凍界、潔洗業、清潔隊、掃除業、冷飲、旅社、旅行業、貿易商、樂器、音響業、玩具業、偵探徵信業、消防隊、流動攤販、計算機、小家電類均屬之。

股票類別：運輸類、流通類、觀光類、百貨類、電腦軟體、遊戲類。

公司陽宅選吉一般通則：此段文字我會以條列加上解釋的方式書寫，希望能讓讀者一目了然。

- 先看前幾篇的內容，選擇公司地址的風水，首要勘查外在形家，是否有壁刀、高架橋、天斬煞……等等形煞。
- 內部座位的擺設以主事者為主，其他為輔。因為不可能每個位置都是好位置，所以公司座位安排必須以動腦筋、主管、重要的功能負責人（如會計小姐）等為優先考量，其餘如秘書、文書、聽候派遣的工程人員、作業員則較無妨。我不是說其他人不重要，主要是因為公司成敗的關鍵，最終還是取決於少數決策者的思慮正確與否。
- 理氣上以內、外氣皆納旺氣為主，之後再配合別派如紫白、八宅派為輔。如果公司是以空調為主，門窗緊閉的話，則僅需注意內部房門與走道的納氣即可，亦即房門與走道要位於座位位置的旺方。

＊八宅派考慮主管辦公桌置於本命的吉方位（生氣、天醫方等）。

＊紫白飛星派則考慮主管辦公室應設於屋宅的吉方（生氣、旺氣方）。

＊至於玄空飛星派，還要考慮屋宅建造時間等因素，就又於選擇上更不便利了。

- 公司所在的樓層並無規定，基本上以使用上方便為主。
- 公司選定的樓層坐向，是以納旺氣為考量，所以其實並無一定坐向的規定，甚或是配合主事者生肖、生辰的規定。
- 辦公室前的明堂要寬闊無壓迫，停車要便利，如此財氣才會較旺。
- 注意光線要充足明亮、空氣對流，並以簡單佈置為主，切勿裝飾華麗、浮誇，惹人忌羨。
- 辦公所在附近環境要注意，勿選擇色情場所、賭博電玩、遊戲場附近，因為進出份子人多且複雜，員工也較無心於工作。
- 辦公室大樓選取時，也應以用地方正為原則，切忌缺角、畸形。
- 辦公室大門外開門即見梯主不利財運，但若為了遮煞而擺放一個屏風，以致於人員進出時會因為屏風，而往左或往右分兩邊行走，則主人事不和。

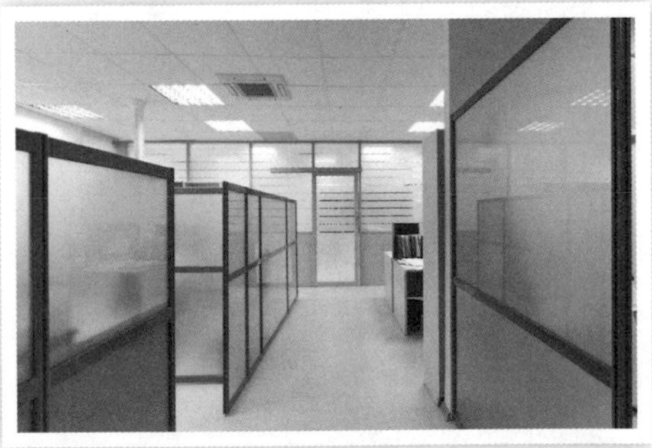

大型辦公室需適當隔間來增加效率

- 同面牆開兩個進出口亦主不和。
- 辦公室開門即見屋內廁所，主做事不名譽且破財，要遮擋。
- 辦公室牆壁擺放鐘，並無禁忌。大門口旁擺放鞋櫃也無禁忌，但是要注意美觀與臭味問題。
- 辦公室天花板、牆壁龜裂或漏水需馬上修繕，是漏財之象。
- 盡量不選擇地下樓層當作辦公室，因為空氣不流通且陽光也照射不進來，人員易生病。
- 辦公室天花板要夠高不壓迫，使用內嵌式或不凸出的燈具，否則容易造成壓迫感。此外天花板若有缺洞、凸出需趕緊更換之，否則坐正下面的員工會產生心理影響而待不住、易生病。
- 鏡子、反光物的擺放要注意，否則精神不集中、人員坐不安穩。
- 辦公桌的左手（青龍邊）宜高宜穩，可以擺放重物，如電話、矮櫃、書籍、電腦等。而右手方（白虎邊）則宜靜、宜低，如個人小物品、筆架等。
- 辦公桌要避免壓樑、壁角、柱角以及被一些尖狀、尖角裝飾物沖射到，否則易犯小人、出錯、發生意外。

- 一般文職員工的座位後面不可有人走動，否則易坐不住，易出錯，流動率也高。而外務人員如業務、工廠巡視人員等則較不忌諱。
- 公司規模大時，辦公室規劃可以添加隔間（partition），避免一覽無遺、直通到底，主口舌、部門糾紛。
- 公司稍具規模時，其會議室隔音宜做好，否則容易產生人事糾紛。
- 一般皆以素雅、簡單佈置為主，但不同公司有不同風格、需求取向，如創意類型的公司就可以用色彩豐富、附設休息及遊戲室的規劃（如google），切勿一概而論。
- 男性主管辦公桌的擺法，應在左方、後方有實牆可靠；而女性主管辦公桌的擺法，則是以在左方、後方有實牆可靠，或是在右方、後方有實牆可靠都可以。
- 財務、會計的辦公區域最好自成一區，有隱密性為佳。

葉大而圓的植物-黃金葛

• 辦公室若擺放神位，則需注意並參考前篇的神位篇，或請專業老師前去看看，因為有擺神位如果旺的話是來得快，但如果是衰的話也是去得很快。

• 大樓辦公室如果開門對著電梯口，俗稱開口煞，不吉。

• 金庫、收納櫃置於不明顯處，一般書籍說金庫口要置於下手方（地勢低方），大樓式建築於同層樓幾乎都是平坦的，因此不需考慮下手方。但是小心不要對著廁所、火爐、冰箱等，都是不吉利的。

• 堆貨的倉房可以設計於衰方，如此出貨速度反而會快。

• 辦公室種植植物，以葉大而圓易種植為主（如黃金葛），切勿聽信種植仙人掌能抗輻射，反而需小心犯小人及皮膚搔癢等問題。

• 常見員工於辦公室內自己養魚，其實打氣聲以及魚的動作等，都會使人分心，我相信老闆也不會喜歡吧！

• 辦公位置不設於正沖廁所口，尤其是管錢單位以及領導階層。

• 廁所不於房子十字中間線上、不能於樓梯下、不能開門見之、神位對之。

• 常用之處、久待之處較需考慮風水位置，至於茶水間、用餐之處等位置則較無妨，因為並不會待上很久的時間。

• 公司位址可選左手邊建物距離較長，右手邊建物距離較短的地點，如此才不會客戶、員工刁鑽難管理。

• 有一說法是男主管的左手邊為他可管轄的範圍，因此他可以坐右手邊的位置；女主管則相反。以上說法，個人覺得尚待驗證。

• 公司若是有機器需操作或是設有實驗設施，則應與辦公區塊區隔清楚，以免危險。其實日本人的5S現場管理法就是「風水學」的一種，5S即是整理（SEIRI）、整頓（SEITON）、清掃（SEISO）、清潔（SEIKETSU）、素養（SHITSUKE）。

• 公司的財位看法如同住宅（請參閱最後一篇內容），財位找到之後，可以當作負責人的座位，有助業務發展，但不適合擺放水缸、流水瀑布等小盆景，因為財位要安靜、不動。此外於財位上也可放置保險箱。

• 辦公室要擺放魚缸催財亦無不可，位置要置於元運的「零神」位置。而現今為下元八運（2004~2024立春），因此零神位置為坤方（西南方），因此魚缸可擺於辦公室的西南方。但是要小心此魚缸是否位於重要員工（如主管、財管等）的座位後方，要避開才是。

二、店面注意事項

常看見人家所說的「金店面」生意好的不得了，也常在想這些店面的裝潢、位置的風水都是很好的嗎？其實一家店面生意要成功的因素也是很多，諸如商品良莠、人員訓練、品牌形象、商圈人潮、行銷手法等等，這些都與風水無關。在此，我們盡量寫出與風水相關的因素，供需要的讀者參考，但是除去風水因素外，建議大家還是回到基本面去思考，才可達到天助自助者的功效！

- 依照人潮行動的路線及水平視線分析，1樓較2樓的店面為佳。因為客人最容易上門，如果位在2、3樓，比較適合美容、美髮業、補教業、診所等行業。
- 商店的收銀櫃台、老闆的工作檯要置於收納旺氣的位置，其餘如顧客餐桌、顧客座位等則無須考量。考慮到賺錢、來客率時，一般以收到外氣的旺氣為主，如此若為一樓店面時，其大門開的方向、周遭馬路方向、周遭建物的高度、方位等，也很重要，請參閱前面第貳、參篇。
- 商店的財位找法如同住家，需小心勿置放發熱器物，如電視、電腦、廚房器具等，財位要靜不要動。也要小心不設置廁所於財位上。

- 一般而言地點因素是最重要的，諸如在國小旁賣高級皮包則不適合，所以商品定位是很重要的。舉例來說，住宅區開吵雜性質的行業（如卡拉ok），雖然人多，但是被檢舉的機會也高。
- 店面面寬依業種而定，不同的業種對賣場面積有一定的要求，但面寬更能決定是否能引起消費者的注意，因此之前形煞有一種扁長形的住宅，不適合當住家，但是當店面卻是無妨。
- 前後臨馬路，因此前後都開門的情形很多，雖然增加曝光率與方便性，但也須注意有穿堂煞、收納雜氣的缺點。
- 大都市中店面所面臨的馬路不能太寬，否則車比人多，而中央分隔島會將馬路兩旁人潮一分為二，不能聚集人氣，而且也不方便停車。因此臨路寬約大於20米時，這種店面就不適合做小吃、理髮等小生意，反而適合房仲、辦公大樓、便利商店等用途。
- 一樓店面前的騎樓高度不要填的過高，如此不易聚財，且開銷較大。最好的高度在不淹水條件下，約略比前方地面略低，如此可獲致如收逆水般的聚氣、聚財效果。
- 店面方正不缺角，有利於店內動線安排與商品陳列。而且採光、氣流通暢亦要考慮。

- 參考先前的住家形煞篇（如反弓、高架橋、壁刀……等），店面選擇也要避之，此外周邊的環境如停車場遠近、單行道、交通便利性等非風水上的考量，也很重要。
- 若為二樓的店面時，要注意開門不見梯，設計可以遮擋的裝潢。
- 也要注意若使用的是燈管型照明，切記要與店面坐向垂直，否則影響生意；尤應小心燈管直射神位。
- 做小吃生意等有抽風排氣的需求時，需注意廚房排氣出口，除了要有過濾裝置外，於風水方位上可設置於衰方（東、東南、北、西北）。
- 一樓店面位於整排馬路上的地勢高低也需考慮，可以將招牌置於下手方（地勢低方），則可將氣流導入一些進來店門口，如此也算有收到多餘財氣。此外，可以參考前篇的屋簷煞，若可利用對面的屋簷收到逆水，則亦是有利於財運。

燈管與坐向垂直是正確擺法

- 一般風水書籍還有考慮排水的問題，以各派的水法論之。我覺得因為現今建築物均為大樓式建築，因此水管已經埋於水泥之中，已經見不到水光了；因此排水只需考慮某些行業的臭味清除、聽不聽得到水流聲、積水等工程問題。
- 收錢的櫃台不對到廁所、火爐、冰箱。
- 神位不能對到廁所、凸起物裝潢（如磨石子裝潢，象徵長瘤）、冰箱（服務冷冰冰）、火爐（火氣大）、壓樑。
- 神位旁的牆壁不要開窗或開門，神位旁不設置電視、音響；神位視野較高，因此吊扇垂下的高度要小心，不要造成神明視野上的壓迫。
- 店面原址若有過火災，或是恰臨鐵軌旁，則地氣、宅氣不留，生意不易長久。
- 店面原址若開過應召站、色情理容院等場所，則易有穢氣聚集，若要重新開幕則需

於地勢往下處（下手方）放置招牌，可將氣流導入店面之中

重新裝潢，尤應注意採光與通風。

‧經常更換老闆、店鋪的店面，則最好避之。有些不一定是風水因素，有可能是惡質房東或滋事鄰居、這塊地不乾淨等因素所造成。

‧長期沒有人居住過、凶殺、自殺之屋除了不宜當住宅外，也不宜購入做為店面。

‧牆面破損、漏水需馬上修繕，否則有漏財之虞，承租之店面亦如此。

‧原本為兩間店面打通合併成一間，則大門不應該還維持兩個進出口，主不和。

‧店面前方高而後面低矮，稱「過頭屋」，若居於其中主出孤寡、一代不如一代，但只當店面不居住，則凶象減低。

‧一樓店面前方馬路坑洞也需請相關單位處理，否則易傷女主人、女店員，依坑洞大

店面前高後低的「過頭屋」

小、距離遠近而論。

• 一樓騎樓停放機車擋住明堂氣口，進財量也受影響。尤以人潮不多的地方更明顯。

• 一樓店面氣流最好有進有出，亦即前有大門後面也應有窗或門，如此財氣才會循環，若無法開窗、門，就使用抽氣裝置循環或是空調。但一樓店面的後門不可開在正中央，易招小偷，但可以加強防盜設施避免之。

• 房間數目、樓梯數目不限奇數，不可迷信。

• 明堂看出去45度角範圍內不要堆積雜物、垃圾、形煞或前方住宅進逼。

• 周遭畸零地可以一併納入店面經營內，但是前提是不將之納入屋宅建物範圍（亦即建築物不包進此畸零地，顧客坐於室外），否則就算賺到錢也不平安。

• 店面大門對著前面大樓的地下車庫進出口，造成大口對小口，不吉。

• 一般房屋若位於十字路口處，因狀如兩腳開開，則主家中人較開放。但若是當作店面，則主店員較活潑、有笑臉，這點可從連鎖咖啡店、超商的店員與客人的應對間驗證。

• 女店主可以選擇右邊戶數大於左邊的樓房當店面，若為男店主則相反。若是遇到左邊戶數較少的店面，則可找女店員來服務；反之則找男店員服務。

- 若是想要生意好，則一般的祭拜不可以偏廢，如拜地基主、土地公等。
- 店面不可位於卦與卦的交線（大空亡線）上，小則生意不好，大則意外怪事、精神疾病。而二十四山間的坐山與坐山交線（小空亡），則無妨。
- 依八宅派看法，負責人的生辰（宅主命）要與店面坐向（宅坐山）相配為吉，東四命配東四宅、西四命需配西四宅。若現實上能配合當然是好，但不需要執著此項規則，徒增困擾。
- 一般有以道路當作水的看法，使用三合、九星、乾坤國寶等水法，檢視馬路是否為衰亦或旺。其實馬路帶來的是氣，應視為來氣而不是來水，因此，各派水法應該不適用。
- 店面設計不宜一進門就碰壁，或是門開太小，都是不旺的表徵。
- 大門不開虎邊（右邊）會傷人、大門不開東北方（五鬼方）等都是謬論；大門應以收旺氣為考量。
- 店面、商店經營不以掛名負責人為主，應該是以實際操盤、主持的人為主，所以此人的辦公桌、休息室需要特別考量理氣方位以及壓樑等室內擺設。
- 若為需從一樓走樓梯上去的二樓店面，則還是需考慮樓梯相對於收銀台、主管的位置，此為外氣進口之一，雖然所帶上來的氣流已經很小了。

- 有一說用到瓦斯的行業因廚房屬火、人潮屬水，水火不宜相剋，最好是以客人看不到廚房較佳，此說應可忽略掉了，因為現在反而流行起開放式廚房了，但是唯一要注意的是動線與清潔。
- 行業別與店面坐向不能掛上連結，諸如水族館的行業屬水，則不宜選坐南朝北的店面，因為南方為火，如此則為水火不容；誠如我一直說的，坐向應以收納旺氣為主要考量。

正北
東北方
氣吉
艮卦
震卦
水吉
東方
巽卦
水吉
東南方

第陸篇　問與答：一般常見公寓、套房式住宅的風水疑問

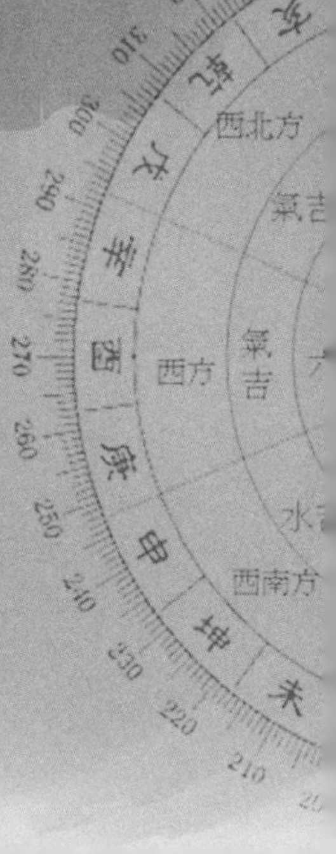

關於傳統的透天厝或是三合院風水論法，有些適用、有些不適用於時下的公寓大樓式住宅。以下將一般常見的問題以問與答的方式呈現，期盼能給各位讀者一個正確的觀念，而不至於受一些媒體節目，或似是而非的觀念所迷惑。

Q1：應該以公寓的社區大門為坐向，還是以自宅大門為坐向？

A1：首先我們先想一下，有一個很大的社區，其一樓大門是固定的，那麼不管是對電梯前、電梯後，或格局完全反向的住戶而言，所有住在其中的幾百戶住戶，全都是以這個大門坐向為坐向嗎？這不是很奇怪的空間邏輯？

其實，以一物一太極的觀念，公寓式住宅是以自宅本身的坐向為主，與一樓的社區大門無關。對於電梯前後的房子而言，理應彼此坐向相反；但若依全社區大門的坐向來看，卻都一樣，豈不造成困擾？

雖知如此，但究竟坐向怎麼看呢？我們仔細思考，風水應為「來風」與「來水」的學問，而公寓大樓式建築的「來風」是該以「進氣口」或「進光口」為主（亦即落地窗的方向），所以大落地窗的方向，應做為房子的「向方」，而不是以自家出入的大門為「向方」。因為，自宅的大門通常沒開關幾次，而且位置通常位在樓梯口或是電梯口處，此處既然不是大自然的氣流行經的方向，所以更不能以它為進氣口做為坐向！清楚了以上的描述，我們當然更能推演知道，坐向並不是人為的室內擺放的方向，否則今天換個心情將電視、沙發等擺放換個方向，那麼居家的坐向不也同時換了方向了嗎？那還有風水準則可言嗎？

而房子的坐向定了後，吉凶就因此定了嗎？如果您有仔細閱讀第貳篇的理氣篇，關於屋宅坐向吉凶真正的看法，與房子進氣口（即大落地窗）坐向無太大關係，而是與人所在之處作為基準的相對方位有直接關係。因為陽宅的吉凶是討論「人」的吉凶，跟房子本身（鋼筋、土塊的組合物）何關？也因此「人所處的位置」相對於「進氣口」的位置才是屋子坐向吉凶的關鍵；這也可以說明為何同棟大樓、同坐向但不同樓層的住戶吉凶有別，甚至同一房子內的不同房間，其吉凶都有差別。

公寓式住宅落地窗才是真正光與氣的出入口

Q2：門對門會有口舌是非的凶應？

A2：門對門有分「自宅大門對著鄰居大門」與「宅內房門對房門」兩種情形。就如上述所言，自家大門通常不常開關，有時白天全家上班、上學，一天只開關個一兩次。而再加上遇上與對方大門同時開關的機率又更低。因此，若以「兩家氣流互通雜亂」而造成彼此不和等情形，這樣的理論是說不過去的！

通常與鄰居不和的原因不外乎為堆放雜物、垃圾於走道上，或是寵物、晚上太吵等問題。而這些與門對門等陽宅理論是沒有關係的。我們買屋時也只能以卜卦，或問問左右鄰居等方式，來了解並避開生活習慣不好的壞鄰居。

至於另一種情形，自家房間門對房間門的開關就較為頻繁，而且自家人互動情形也遠比鄰居為多且複雜。所以，若是關房門太大聲，或是開關頻繁下，是真有可

住宅門對門為「相罵門」？

能會影響家人的感情。可是，此情形我歸類為家人互動本來就較冷漠之下，再加上陽宅設計不良，因而加重此情況而已！否則，只要稍微知會一聲，就會免除「臭臉相對」或是吵架等情形產生，不是嗎？

因此，若是遇到內房門相向等情形，我會建議於裝潢時，加一些防音、門擋、遮帘等小五金，或是改成推拉門也可以減少剋應的情況，但終究要從加強家人感情上著手喔！

而當然好的陽宅若內氣收的好的話，人在屋裡待的舒服，感情自然也會好！是一個正向的回饋！

Q3：開門見灶，有火氣大、家人不和的凶應？

A3：「陽宅三要」一書指出，開門見灶，錢財多耗！如果有買套房式住宅的人，一定會為這個說法所困擾，因為坪數小，所以幾乎都會遇到這種情形啊！

其實不用緊張，這個說法對於現代的瓦斯爐廚具而言，已經不適用了；因為已經沒有了古時燒柴的「灶口」，所以不會有灰塵、煙霧、柴薪雜亂等口舌話題可以吵（現在你知道這條例子的來源了！）。

但是，我還是建議大家，公寓式住宅空間小，廚房東西用完需清理、歸位。否則還是會有火氣大的凶應喔！那是因為一下班，回家一開門又看到雜亂的環境，當然會火氣大吵架啦！

Q4：睡覺時腳朝門口，會有準備「扛出去」（出殯）的凶應？

A4：這其實是謬論，單純想當然爾的聯想題罷了，沒任何理論根據！正確床的擺法應以前章所言，以「形家」與「理氣」做為考量；形家與理氣都要兼顧不可偏廢，因為它們是各應其吉、各應其凶。

形家：頭的後方有靠（實物、實牆），加上左邊有靠（男、女生），或右邊有靠（女生）為主，再來要考慮避開頭後有窗（窗需緊閉）、冷氣直吹、桌角沖射、橫樑壓床、與門反睡等問題。

理氣：收內氣、外氣的旺氣。（詳請參考臥室篇）

Q5：廁所門對到房間門怎麼辦？

A5：常遇到某一棟房子很喜歡，但是因廁所位置不如意因而放棄購買的情形：因為衛浴管路很難改！

其實現代廁所論法，跟古時候的茅廁論法也有天壤之別喔！現代的馬桶、衛浴以PVC塑膠為管件，一上完大、小號又會馬上沖掉，因此於現代浴廁的設計上，已經沒有衛生方面的問題了。當然若是你的衛生習慣不好，大小號結束時不馬上沖掉，或是化糞池堵塞到外面等情形，那又另當別論了！

所以，若以說廁所的穢氣外漏，因而影響房間人的健康、財運，這個理論是說不太過去的！

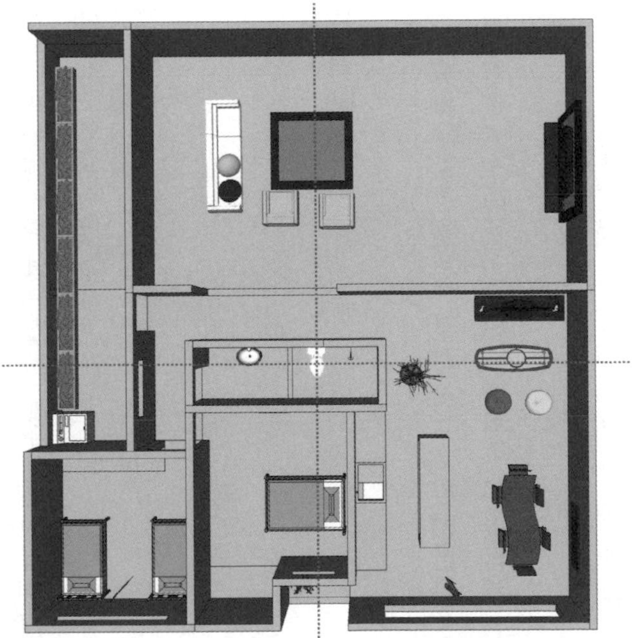

馬桶於房子的十字線上

此外，廁所若是沒有辦法開窗的話，建議加裝抽風、排水等乾燥設備，如此就更沒有異味及黴菌等問題！（譬如加個門簾對於擋穢氣的效果更佳）

對於廁所風水要注意的是，馬桶的「馬桶開口」，最好不要落在房子的十字線上，否則會有小孩考試易「出槌」、易被外人倒債（如收到芭樂票）等小小倒楣事發生喔！

Q6：房子開門後，看見上下樓梯，有沒有關係？

A6：一般的說法為：開門見往上的樓梯主前途艱難，開門見往下的樓梯，主錢財敗退；其實，這要視門跟樓梯的距離而定，越近凶應就會越大！而且，這與地板平不平也有關，不能一概而論。

因為這個論法源自於房子的地氣流失（如同水往低處流），而會把財氣也流失掉。因此，若距離遠且地板又較平緩，自然減低凶應產生！而且這個氣的流失凶應也不會很大，不需太過擔心；如同之前說的，大門開的頻率很低，所以房氣流失自然不多。

對於財氣，我們反而更要注意理氣的外氣，收的是否為吉方來氣，因為畢竟財是從外面賺進來的嘛！

Q7：開門見壁，有沒有關係？

A7：一般的說法為：「開門見壁，家運不順」；但是，我考據了一下這個說法，那是指一般的透天式住宅而言。這樣的住宅外大門口如果有一堵牆靠的很近，則容易導致屋內的宅氣不洩，而造成住在屋裡的人心情鬱悶、有損財等現象產生。

而應用到公寓式住宅而言，若是因為所購買的房子入口玄關很短，造成從外面回家時，往往會有「碰壁」的情形產生；這樣會造成動線不順，而且在視覺上也會造成壓迫感，進而影響心情，鬱鬱不歡。所以，我還是建議，這樣的牆如果能往後推，或是敲掉還是比較好！但若因為是結構安全因素而無法後推，則玄關不可堆放雜物，且牆面不能吊掛裝飾品，需要塗上淺色油漆

開門見壁是吉是凶？

等方式減低凶象。其實不只是玄關牆面，一般屋子小的話，房子就要選擇淺色系，並於設計上增加收納空間、減少不必要的家俬購置、不堆放雜物等來增大視覺效果。

因此開門見壁指的不只是開門後往外看到牆壁，也包含開門後往屋內看到牆面喔！

Q8：有人說住樓越高越不好，真的嗎？

A8：以火災及地震逃難來說，應該是越低樓層越貴才是。為什麼一般的大樓住宅，反而越高越貴（一樓店面與四樓有諧音除外）？我認為原因有二：一是視野與外在環境的優點，另一個是低樓層可能出入份子也較複雜之故。其中第一點所說的外在環境，多多少少也有風水的因素在內。諸如本書前幾章所說的：噪音、車子排氣、招牌耀眼、電線桿、高架橋…等煞氣，越高樓層則越沒影響。

其實住高樓層的確會造成風水上一些負面的影響，其影響有三：

第一，因為人是要接觸「地氣」的，接觸地氣如同接觸大自然的效果一樣，可將您身上的正電荷導掉，所以住越高地氣越收不到。尤其對長時間接觸電腦、手機等電磁波的現代人而言，若不能常接觸地氣，我們建議可以多去戶外接觸大自然以導掉正電荷！

第二，人體於清醒時的顯意識，並不會察覺到地表及建物一些些微的震動，但是當人睡著、精神放鬆或狀況不好時，此類些微震動就會造成精神緊張等副作用。而住越高樓層，原本的些微震動會被放大的越頻繁且震幅越大。因此還是不要住太高（如香港人神經較易緊張）！

第三是要注意「一屋獨聳」的形煞（參閱外在形家篇），當你住的建物比起周遭環境高出很多時，則會使住在裡面的人產生個性孤高、家人失和、破財等凶應，而住越高越明顯！也正因為孤高且明顯，911恐怖攻擊才會挑雙子星大廈進行。

Q9：房間可以越大越好？

A9：雖然有錢人可以買得起大坪數的房子，如此可以有多餘空間利用，如擺放裝飾品等。但我建議，若是家人真的沒那麼多，則不用買過大坪數的住屋來居住！因為，就如您剛住進一間新住宅時，前幾個月一定會覺得精神不濟一樣，房子是會呼吸的（即吸收能量）！也因此才有新居落成要邀人去熱鬧一下，還有燒一盆火爐的習俗傳下來（老一輩真聰明）。

所以如果家中人丁不多，也沒經常有客人串門子，還是建議購買的坪數剛好即可。若沒辦法，則可特別針對臥房的坪數縮小！

如果您有去看過紫禁城，則您會發現，其實皇帝的臥房並沒有比其他人房間還大！因為皇帝也是如同一般人一樣，要保存體力，不能將能量完全放出去充房間的電，而造成「電池」乾掉……。

如果說真的沒辦法將臥房縮小，則因為「一物一太極」的關係，可以裝上床帳等物隔離之，如古代東西方的大戶人家一樣（如下圖），如此才不至於越睡越累，無法補足元氣。

Q10：門牌號碼與房子坐向需考慮屋主生肖？

A10：因為「生肖」之說，在中國人的心中佔有極重的份量。因此，很多人會藉此增加很多謬論，成為哄抬或是恐嚇客戶的工具。

東西方床帳

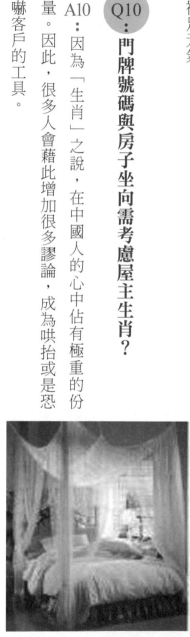

我們仔細思考一下，門牌號碼是政府規定的，而且古時候還沒有阿拉伯數字呢！那麼古時候的風水該如何判斷呢？所以門牌號碼之說，實在是無需考慮！

至於生肖派老師的說法，基本上是房子座落的地方要避開屋主生肖六沖方與三煞方。如生肖屬鼠的人忌選坐正南向正北的房子（午山子向）。其實這是一個錯誤的理論，否則家中若有各種不同生肖的人同住，豈不只有屋主好，其他人都不好？

一間房子風水好與不好，是要住進去的人都好，並不能只考慮屋主一人而已。否則對外國人而言，他們沒有生肖的觀念，不也是發財發的比亞洲人還多？我在此提醒您，其實生肖學說只有在擇日入宅時要考慮而已。而新家入宅時有犯到煞的生肖，也是當日或當時避開即可。

Q11：怎麼知道這棟房子是不是凶宅或是有不好的東西？

A11：一般大一點的房仲業者的簽約文件中，凶宅是要告知的，您可以於簽約時詢問一下。除此之外，您可以從網路上凶宅網查詢得知（http：//www.unluckyhouse.com/archive/

index.php）或是詢問當地里長及鄰居。

其實任何一派的風水勘輿都是無法看出是否為凶宅的，尤其風水師所持的羅盤若是經過開光儀式，指針也不會因地方很陰而亂抖動。但若風水師本身有特殊體質感應，則另當別論，但這不是從任何風水學說得知的。所以您看屋時可以找感應得到的朋友（尤其是小孩），一起去看房子，或是找信的過的卦師卜卦，如此自然就萬無一失了。

容易聚陰的因素很多，地方本身及附近不乾淨、個人的運勢低落、祖先或是外面帶回來的負面能量都有可能。風水上比較容易聚陰的有納深長的坎氣（坎方為鬼、坤方為怪），因此在第參篇水的例子二中，該飯店因座落的地點不乾淨，再加上原本收很長的坎氣，是有那麼一點鬧鬼的味道……。其次是形家上的因素：有大樹逼近的大樹煞、房子深長陽光不進、空氣不流通等等。

Q12：挑選鬼月買屋、搬家入宅是否有影響？

A12：鬼月，即農曆七月的另一稱呼。依民間說法，這是陰間鬼魂放假的日子，因此一般民間會於一整個月中（尤其是農曆的七月十五日）準備供品，以供祭祀普渡之用。也因為傳言上這個月份的遊魂比往常多，所以有關旅遊、婚嫁、購屋入宅等事，大家都敬而遠之，寧可等下個月再說。

其實，於正統的擇日學中，並沒有七月諸事不宜的說法，所以大家反而可以趁機跟建商殺價，省一筆錢。如果真的還有疑慮的話，不妨於八月份再搬進新家住也可。

Q13：犯桃花的風水格局有哪些？

A13：我們將陽宅上可能犯桃花的格局，分為屋外與屋內兩個部分來探討。

首先是**屋外格局**：

1、宅前有水直流而出：主賠錢且人心向外，易有私奔等情形產生（門前有水呈八字分流狀亦同論）。但是公寓住宅住越高情況時，則越不明顯。

2、屋前、屋後有水，彎彎曲曲如同女人的眉毛狀，但是公寓住宅住越高情況越不明顯。

3、屋旁逢叉路（如十字路），其中一條路略彎向外，有如人之雙腿外張狀，主犯桃花。嚴重程度與住宅附近高樓高度、自家樓高有關，住越高則越不明顯。

4、屋前建物或山勢有呈現如探頭山或是依偎狀，主犯桃花；神位若對到較明顯。

5、庭院種怪樹如披頭散髮狀者，或是屋外有柳樹者主犯桃花，住越近凶象越明顯。

6、自家屋外有藤蔓蓋住，若開有鮮豔的花則桃花現象更為明顯；左邊代表男主人犯桃花，右邊則代表女主人。

7、門前明堂有狀如人形倒臥之山形，主風流事多。

8、居家附近有大水池、河流者（收到雜水主犯桃花），嚴重程度視水池大小、居住樓高而定，住越高越不明顯。

9、住宅地基呈L形，L狀似兩腳張開狀，會有家中人不和、犯桃花等現象。

屋內格局：

1、屋內雕樑畫棟或裝飾雕花玻璃、噴砂裸女，整體燈光氣氛有如酒家等，夫妻感情易變質。

2、爐灶與水槽呈L形，亦即擺放位置呈90度（桃

面對八字馬路的店面，店員會較活潑-桃花效應

花較不明顯）。

3、家中擺設很多塑膠假花，或是於寢室種植很多鮮豔花朵者。

4、床頭納氣收坤氣、坎氣、巽氣者（有關納氣量測，請參閱理氣篇）。

Q14：易遭小偷的風水格局有哪些？

A14：除了住宅附近出入份子複雜、錢財露白等非風水因素外，此處討論的是易遭小偷的風水因素。

易遭小偷的風水格局有：

1、屋外有建物呈「小人探頭」煞（參閱外在形家篇）。

2、屋子為「左邊空」或「右邊空」格局（參閱外在形家篇）。

3、屋子有構成「一屋獨聳」的格局（參閱外在形家篇）。

4、屋子比他宅突出顯眼，如一排房子就只有自家增建出一個廚房或是雨遮。

5、屋後正中央開設門窗者（公寓大樓較不忌）。

6、自家住宅的防盜設施給歹徒有機可趁（如住大樓頂樓的住宅，沒有加裝鐵窗等）。

Q15：易遭火災的風水格局有哪些？

A15：因為三角形與紅色在五行中屬火，所以易遭火災的風水格局有：

1、屋外四周有電線桿、高壓電塔、變電箱等。

2、自宅基地呈三角形或是增建出三角形、多角形之建物。

3、自宅被紅色、三角形招牌沖射到。

4、屋宅被屋脊煞沖射到，尤其是紅色的屋脊煞（參閱形煞篇）。

5、自宅屋頂呈紅色的三角形。

6、屋內顏色多為紅色系的佈置或粉刷。

以上格局均可能造成火災，若欲降低凶性，則可將紅色部分塗成藍色或其他非紅色系（但室內不宜塗成藍色，人易懶惰）的顏色。若是有不方正的畸零地，則盡量不將之增建或圍圍牆。

Q16：起家厝不可賣？法拍屋不可買？

A16：一般人因為住進某一棟房子的期間而賺進大筆財富，於是另買房產或購置其他投資物件。此時我們稱這棟帶來好運的房子為「起家厝」。但是有時會因房子太小或搬家、房子漲價等因素，必須賣掉房子，究竟「起家厝」可不可以賣？會同時帶走之前的好運嗎？

其實，以風水的角度來看，房子帶來的不管是財運、健康……等等好處，是因為你真的住進其中，與房子的形家、理氣等好風水因素交互作用下的結果，一旦不住在此，則房子的風水對您則無任何影響（繼續供奉神明、祖先例外）。因此，若是真的不會再住到這個房子了，賣掉其實無妨！

但是，如果新住的房子風水不若前者佳，甚至為凶，則住進去更大、更新的房子則會招凶、破財等。須知這並不是賣掉「起家厝」的原因喔！是新房子的壞風水所導致！

同理，有人說法拍屋可以投資，不可住。因為前屋主就是住的不順遂才會淪為法拍屋啊！我們要知道，若是前屋主只是因為投資而買下，屋主本身並沒有住進這屋子裡，則我們不能說這風水有問題，而極有可能是屋主自身居住的房子風水不好之故！反之，對於如此的法拍標的，我們可以請信得過的風水老師看過，或許您可因此賺到便宜的風水好宅呢！

Q17：屋子掛名是房東，所以租房子不需看風水？

A17：這個問題其實答案同上一個問題一樣，身為房客，只要住進這屋子裡，即開始受到房子風水的影響，所以當然要注意風水問題。

Q18：福地福人居是真的嗎？那不就不用看風水了？

A18：這裡我要跟各位讀者說明「福地福人居」的真正意思。這句話的意思並不是說，只要你是個循規蹈矩的好人，就可以不必理會風水等事，反正老天爺自然會幫你趨吉避凶的！其實這樣的觀念是不正確的。我們試著思考一下，一顆原子彈會將任何宗教及所有人，不管是好人壞人，通通一起炸掉。所以，風水的影響也是如此！不管你是信奉基督、佛教、回教、好人、壞人都一樣：風水好，就是會有好的應驗，凶也會有凶的應驗。

難道您沒聽過，全家都是大好人，家裡卻接連出事的例子嗎？難道好心沒有好報？這裡牽扯到更大層面——業力的問題，我們就不深談了。

再回到主題，「福地福人居」這句話真正的含意是什麼呢？我舉兩個例子您便可知曉。

例一：譬如說有一個人要賣掉幫他賺不少錢的「起家厝」，而買家看了前者的裝潢不喜歡，於是改成了自己喜歡的格局及裝潢，結果住進去後，不但沒有賺錢還賠了不少！

例二：公司請來風水師看辦公室風水，其中有一個位置老是離職率高，老師看完後也說這位置不好，千萬不要坐人！但是目前剛好遇到業務擴編、辦公桌不夠坐的情形下，所以老陳說反正他信基督，不信風水，自願坐這個人人避而遠之的位置。結果奇怪的是，老陳兩個月後竟然升官了，而且搬到有隔間的辦公室去了！是風水老師不準、耶穌真神，還是好心有好報？

其實，這兩個例子說的都是「業力」的結果，例一的買家福份不夠，所以就算買到好風水的房子，也非要自己親手把它改到不好，才覺得滿意！例二的老陳，因為福份夠，所以就算坐到爛位置，也會因為別的原因，把老陳調離那個位置。

但周遭總有一些好心沒好報的例子，究竟我們要怎麼知道自己福份夠不夠呢？我認為，我們實在不用「賭」這一把。因為福份是很難量化的，而且福份的成熟也需要時間，並不是說今天做了好事明天就會有好報；所以如果時間及金錢上允許的話，還是要看一下房子的風水，否則若不幸成為別人口中的「好心沒好報」的反例，豈不是無處申冤？

Q19：房子施工裝潢要擇日？房子入宅要擇日？

A19：一般裝潢、動工常用的擇日用事為：拆卸、修造、動土、起基、安門、作廁、謝土等等，其各別的說明為：**拆卸**：拆除舊物、門牆房子；**修造**：修建房屋、修繕樓台；**動土**：樓房建築、起鋤動土；**起基**：土木工程、基礎進行；**安門**：大門廳門、安裝門扇；**作廁**：建造廁所、修改廁道；**謝土**：建物完工舉行祭典之日。

若您購買的是既成的公寓，這些通常都是建設公司統一擇吉日祭拜完成的。而若是自己購屋之後，想要重新裝潢或是改變格局的話，則擇日上僅需考慮「修造」這個項目即可。原則如下：

1、修造要從房屋旺方開始動工較佳（亦即房子的南方、東北方、西方、西北方）。

2、修造的吉時應該要考慮屋主的生肖及房屋坐向。（一般需找專業擇日師較佳，翻農民曆可能反而會不吉，因為農民曆一般所列的日子，並沒有考慮屋主生辰及房屋坐向。）

3、若是沒有挑日子施作裝潢也無妨，但是要注意裝潢完畢之後才搬入新家，切不可入住之後還敲敲打打！如此就會犯到煞，居住之人會有生病、開刀、不順等凶應。

另外裝潢、動工後常用的擇日用事為：移徙、入宅、安床等。其各別的說明為：**移徙**：搬家、遷移住所；**入宅**：遷入新宅；**安床**：安置睡床臥鋪（結婚的婚課擇日較重視）。

一般我們需要注意的是「入宅」的吉日吉課，也就是搬入新家的那一天，我們必須要挑選一個好日

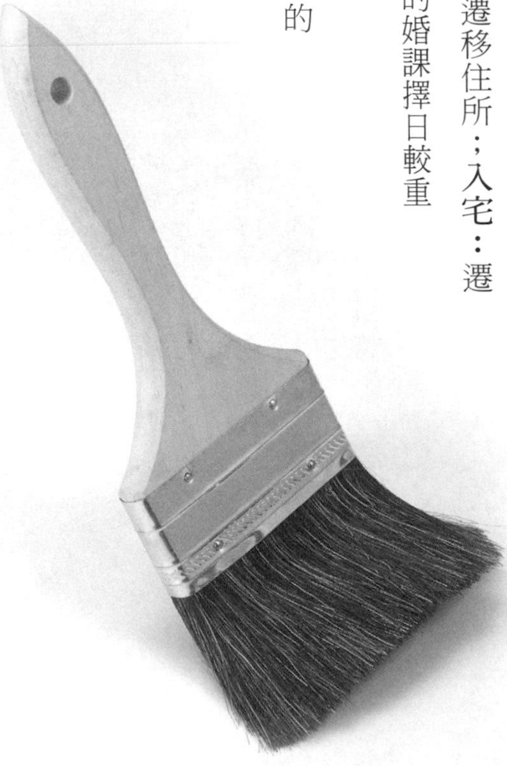

子，原則如下：

1、裝潢修造沒挑日子無妨，搬遷入宅一定要挑選好日子。

2、入宅的吉時應該要考慮屋主的生肖及房屋坐向。（一般需找專業擇日師較佳，翻農民曆可能會反而不吉，因為農民曆一般所列的日子，並沒有考慮屋主生辰及房屋坐向。）此外，若有些因為屋主趕著入宅而不得已犯了一些煞氣，可能需要三煞符、三皇符等來制化之。

3、入宅有一些儀式（如下一個問與答），有做的話，吉應的效力較大。

4、不擇吉日搬入，輕微者會有短暫身體不適、運勢不好等情形，尤其是當日沖犯到的人。而若是房子本身就是凶的，就會有凶者越凶的情況產生。

以上有牽涉到一些較專業的術語，一般讀者只需明瞭何時該挑選吉日吉時，並找擇日師擇日即可！

Q20：有沒有簡單的入宅儀式，以方便忙碌的上班族使用？

A20：依照一般說法，新房子是有煞氣在的，因此我們除了依照擇日師所挑選的良辰吉日、

吉時搬入新家外，還要進行一些入宅儀式，以求福運降臨。此簡單的儀式我將其條列如下：（至少需做以下的3、4、6、7、8項）

1、出舊宅前時唸「金銀財寶隨我行，隨我搬入新家住」。有參與入宅儀式的家人，出舊宅、進新宅時手上最好有東西（小東西就可以，諸如鹽、油、醬、醋等物，女主人可手持圓鏡），其餘東西若來不及搬，可於之後再搬無妨。

2、到新家拿掃把和畚箕做打掃狀，由外向內掃，口中唸「金銀財寶新厝到，隨我進住新厝內」。

3、同時可以拿一塑膠水桶，裝水約八分滿，內放50元硬幣1個、10元硬幣6個，放在廚房，置放一～三天撤收，象徵財源滾滾。

4、如果有拿香（非基督徒），接下來可到附近土地公拜拜（或是自家門口拜拜），祭品如下：

三牲、三樣水果、餅乾、清茶三杯（買茶飲料亦可）、土豆糖（有較好）、酒三杯（沒有也可）、三色金（壽金、福金、刈金，可請金紙店配購）。

流程：上供↓獻茶酒↓焚香禱告（告之地址住戶資訊等等）↓香燒到一半，開始燒三色金（燒金前可再禱告告之）↓撤供（要在下午13：00前完成）。

5、若要加拜地基主（拜時跟祂說因為是上班族，所以之後是大節日拜）可參考以下方式：

a、在廚房向後門拜（即是朝屋內拜），就是準備一些便菜飯（買便當即可，雞腿不切）。基本上就是你吃什麼就請祂吃什麼，但是必須是你還沒吃過的，否則就不敬了。

b、因為地基主較矮小，所以桌子用矮一點的，桌下置洗手洗臉的盆子及毛巾。

c、三杯茶、三杯酒、金紙（刈金或福金、二五金，有些還有專門的地基主金：類似小銀，可以請金紙店配）。

d、香的話可以插在米上或插窗緣處（有一說地基主不是神所以不用米）。

e、拜前可擲筊，拜後亦可擲筊請示祂是否已經享用完畢？基本上一柱香時間燒

拜地基主的方式

完即可。

f、之後就去大樓一樓燒金紙即可（燒前默唸住址姓名稟告之），要下午15：00前完成。

6、因為新房子會吸收人的氣息，因此建議要拿火爐（要點火），爐口朝家中旺方（亦即南方、東北、西方、西北方）。最好持續燒到晚上，但小心小孩燒到，放在廚房亦可。此外，找人來慶祝入厝，也是好方法（因為多一點人讓房子吸飽氣）。電器用品（電視）也可常開、常使用來讓房子「充電」，或吃補氣食品也可以。

7、入厝時不要馬上上床去睡，要待完成儀式後或晚上睡前才可以。

8、鞭炮請於門口旺方處點燃往屋內燃放（亦即從南方、東北、西方、西北方點燃）。但因為公寓大樓禁止燃放鞭炮，而於公寓一樓或中庭燃放又沒有意義，所以可以在自家門口用放錄音帶方式取代，但是效果較小。

Q21：為什麼同棟住宅、同一坐向的兩戶人家運勢大不同？難道不同層別有差嗎？

A21：所謂「一命、二運、三風水、四積陰德、五讀書」，所以就算是上下兩層的住戶，因為個人運勢走向不同，或是職業選擇不同，其運勢當然有高低的差別。就算我們以純粹的陽宅風水而論，我們怎麼知道樓上的住戶其住家擺設、格局使用，一定就跟我們一樣？我們從前面幾章可知，外在的道路、高樓等環境與房內的床、書桌等擺放位置，其理氣的納氣結果就會不一樣，當然吉凶也不同。

所以不同層別的風水差別，除了形家煞氣的原因外（比如說低樓層較容易有招牌、噪音等影響），還有理氣的內外氣納氣情形、房間採光、色調、收納等影響心理的風水因素。如果以上這些都跟其他樓層佈置的一樣，我們就可以說同一棟、同一坐向、不同樓層的風水是一樣的！那麼此時的運勢高低，就可將陽宅的因素剔除了；但其他尚有如陰宅、祖先、命運、業力……等非陽宅風水的因素需考慮。

但是我必須強調的是，好的風水一定有它的功效，所以住在好風水宅中，若是走衰運時，您不妨想一下，若是住在不好的風水住宅下，情況不就會更糟？而且同時，您也可以去除居家風水這個因素，去想想是不是自己的做人處事方法、祖先陰宅……等等其他方向的原因。

Q22：陽宅的威力很大，有沒有包升官發財、生男丁的屋宅？

A22：我們幫客戶以陽宅學問改善運勢時，也要問問顧客重視、想改善的部分。我想一般人不外乎求的是桃花、發財、生子、升官、家庭和諧等。

- 關於桃花，讀者可以參照本書最後一篇的內容，找到桃花位，然後增加自己的異性緣，甚或是可利用之前問與答的Q13中提及的犯桃花格局，幫助自己。
- 關於催財的財位，讀者可以參照本書最後一篇的內容，自行施做。
- 家庭和諧需要全家一起經營，陽宅所能著手的部分是要注意每間房的內氣要收得好。
- 關於升官，陽宅上是可以用「催」的方式，將您的天生該有的官運催到極限。至於要當到多高的官位，那還得視當時大環境及個人的個性、能力而定。催官的方式有水形及水法方式，水形美、彎曲、過明堂、金形都可以催官；三元派水法有「零、正、催、照」四種方法，其中的「催法」則為催官。依目前元運（下元八運，西元

2004～2023）而論，催官水方位在自宅的震方（東方，67.5～112.5度）卦內，水的範圍太大，超過兩卦的範圍則為雜水，反而不吉。

・關於催生男丁，以下列出幾點屋宅風水上的注意事項，當然要是加上夫妻配合體質調理、養身保健等因素，則更事半功倍。當然這也只是催生男丁而已，並不保證一定包生男，須知命中無時莫強求之理，否則便可考慮現今的人工科技，反倒比陽宅

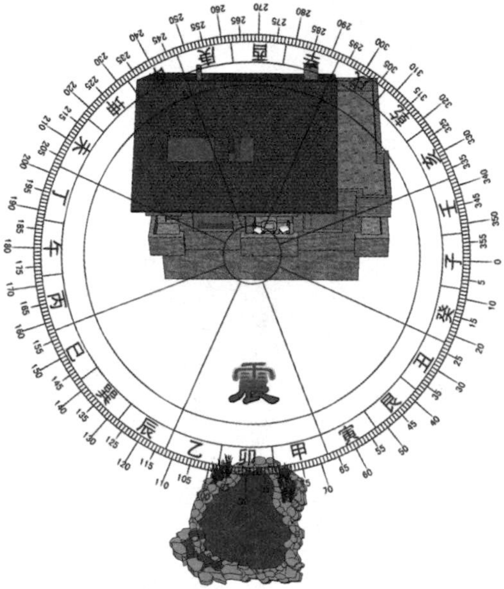
催官水之方位

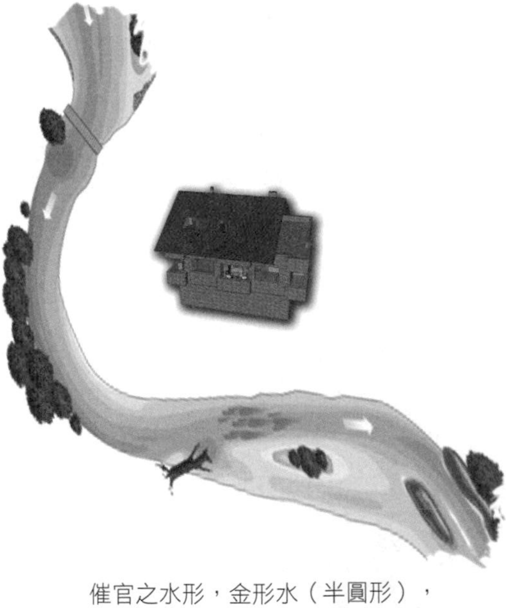
催官之水形，金形水（半圓形），且水不逼近房舍

來的快且準。

▽依現今元運（～2044年立春），床位宜收艮（少男）、乾氣（老父）等八卦取象為男生的來氣，尤其是艮氣為當旺之氣。

▽屋宅後要有靠山、床位後也要有靠、床下不堆積雜物，床位擺法參照前篇所述。

▽屋宅外在形家不犯形煞，尤其是艮方（少男）、震方（長男）、坎方（中男）有高壓等形煞，懷男不易；於屋宅內也盡量避免此三方屋宅有空缺。

Q23：陽宅學的應用範圍，只適合中國、台灣等地區嗎？

A23：風水學是源自於中國，一些勘輿規則也都是古人經由長期的觀察、試驗之後，所歸納出來的結果。當然各門各派都有其不傳之妙，也有其理論基礎做為支撐。而陽宅學已經傳至國外，外國人也似乎用得很開心，那究竟這門學問是可以抑或不可以挪移至國外使用呢？

在這裡我必須說，除了所引用的派別、理論是錯誤以及勘輿者功力不到位之外（羅盤使用不當、方位距離量錯、羅盤本身已經偏移沒發現……等因素），正確的陽宅學知識是可以於全球使用的！但是我必須要補充數點容易為人所忽略的部分。

第一，我們祖先所觀察天文地理、人事的地點在中國的中原地區，因此易經八卦等方位學都是以中國為本位下去衍生的，如南方炎熱屬於離卦火，北方嚴寒屬於坎卦水。所以如果我們跑到赤道以南的南半球如澳洲、紐西蘭等地，則必須考慮到此時的南北是顛倒的，越往南走到南極是越寒冷的，反之往北走到赤道方向是越來越酷熱。因此，我們必須於量測時將羅盤的南北向顛倒過來看，才是對的！此理論於南懷瑾老師的〈易經雜說〉裡也有提到。至於東西向呢？因為地球自轉是一樣的方向，白天還是會於東方看見太陽，所以羅盤的東西向不需換位置。

第二，不需要考慮磁偏角的問題；因為地理北跟地磁北不一樣，地理北的指向是北極

的正北方位，而用指南針、羅盤等工具所指的北方為地球磁北的位置，約略在加拿大的哈德遜灣。量測者所處的位置與兩點延長線而產生的夾角稱之為磁偏角，所在位置不同，磁偏角也不同。而因為我們都是拿著羅盤、指南針做為方向界定的工具，所以只要工具沒損壞情形下，我們不需做如登山地圖般的方位校正行為。但是在此我要再次強調，金屬及鋼筋建物會影響羅盤磁針的角度，因此進入屋內量測時要固定羅盤方位，或是身上帶有金屬物時（如項鍊、手錶、皮帶等），要事先摘除，這與磁偏角無關！

第三，赤道與南北極的量測：我們必須要知道孤陰不長、孤陽不生的道理，住在赤道及極地是不利於健康運勢的，這也是為何赤道國家普遍貧窮懶惰、北歐國家酗酒與自殺率偏高的原因之一。一般羅盤於赤道上的使用應該不成問題，但若是往極圈國家走，則指針可能會因磁力線而翹起來，此時我們在操作時必須小心冷熱產生水露、結冰霜、進而生鏽等情形，使得羅盤指針移動上不靈敏。除此之外，因為不用考慮磁偏角的問題，所以羅盤是可以正常使用的，不用考慮磁針翹起的問題。

Q24：礦場、地下室等處是使用陰宅或是陽宅看法？納骨塔不在地底，是使用陰宅或陽宅看法？

A24：一般人的觀念是活人住的、活動的地方，用的是陽宅的學問；反之，只要是死物（人的屍體、寵物屍體、骨灰罈等）就適用陰宅的學問。其實以上的論述是錯誤的！這裡我們先從陰宅、陽宅的力量來源開始說起。

陰宅之所以有威力，是因為陰宅是將先人埋於地下結穴之處（就是宇宙能量點），這一點的能量很強（葬的點能量太強也是不能用的），因此先人遺骸也能同時受益。而後代子孫也因為具有相近的遺傳密碼DNA，因此有其共振的繞場資訊。所以當祖先的DNA在風水寶地汲取吉祥的波動頻率時，也會全天候的以共振方式傳給子孫，不管後代子孫在哪。於是我們知道，陰宅主要取的是地底結穴點的氣，並非地上流通的空氣，之後再進而參照地表上的形家論之。

而陽宅則是利用地表來自八方的氣，如果所建之屋宅可以達到藏風聚氣，人居於其中時，可經由內、外門戶吸納旺方之來氣，則自是不可多得的好陽宅，之後再進而參照地表上的形家論之。

回到問題，我將容易混淆的項目列出，供讀者參考：

• 礦場辦公室、地下室（若沒有自然風吹進，使用的是空調）的風水，當然應以陽宅風水來看，但是理氣的吉凶則沒有用，頂多看看內局擺設的形家部分。但是沒有陽光、新鮮空氣等因素，人還是無法健康、發財、感情好的。

• 納骨塔因為是蓋在地面上，已經獲取不到如陰宅的地底之氣的能量，因此必須要以陽宅的方式來選取吉位。曾獲知以下資訊，供大家參考。有一先進研究指出，人頭骨的眉心位置（第三隻眼部分）可以釋放出些微輻射，依半衰期計算約八十年。也就是說先人遺骸葬後約可影響四代左右，之後就影響越來越小，終至於無。而火化後的遺骸經科學儀器檢驗，檢測不出有此精微的輻射，所以我們可推知遺體高溫火化之後，

其DNA螺旋已經完全消滅，對後代就沒有任何好壞的影響。

納骨塔選取吉位的原則：

1、配合仙命，擇吉日吉課處理。不管是直接火化，或是經由起攢、進金而來的進塔吉課。

2、以塔位往外看出，左手龍邊與右手虎邊到同一層尾端的長度最好等長，而龍邊可以長一點點；若仙命為女命，則虎邊可長一點點。

3、高度若可選擇，則以子孫能舉目平視的高度為佳，太低太高都不理想。

4、採光於亮處，最好可遠眺出去看見外面風景。

5、方位以納氣採旺氣（南、東北、西、西北方）為主，若能配合仙命生辰旺位（一般三合派）更佳。

6、注意不要被形煞沖到，如壓樑、桌角、柱角沖射……等等。

• 為活人做的生基墓：造「生基」，就是利用活著的人本人的頭髮、指甲、血液等基因物質，將它們密封起來，使它埋於地下更不易分解。然後利用陰宅原理，將地底結穴點的宇宙能量為我所用，藉此以增強自身運勢或是消災解厄。因此生基雖是為活人所造，但卻適用陰宅的看法。

Q25：風水上有沒有關於裝潢動工時的注意事項？

A25：本書談論的多是房子外在環境、內在格局的吉凶以及應注意事項。但是很多是買預售屋，或是讀完本書後需要裝潢的讀者，因此在裝潢時，風水上需要注意的項目也必須要瞭解，此節坊間書本鮮少提及，但卻十分實用，我們以條列式列出供參考：

- 風水上考量多數是因為理氣的關係，有人會更動格局以俾收納旺氣。但是主樑柱、外牆、夾層屋等必須經過結構技師認可方能施工，以策整棟大樓的安全。否則一味要求風水好、使用上的方便而忽略危險，是本末倒置之舉。
- 先前問與答有提到開始施工的擇日事宜，若尚未搬入的住戶，理論上可省下擇日過程，待之後搬入時再擇日（一定

要）、拜土地公或地基主即可。若是已經入住的住戶要施工，有擇日是最好，若無則最好先祭祀土地公、地基主稟明之。

- 需要進行大工程時（尤其是外牆上開窗、打洞），若是本來住在屋內的住戶要搬出去住，等施工完再回來；否則會有開刀、血光、破財等凶應，就算施工時有擇日也會！
- 施工時需注意犯到該流年所屬不吉的方位，如太歲方、歲破方、三煞方等（參閱本書化煞篇）。
- 施工時不可先做外牆，否則會有「囚」的感應，人會鬱悶、不舒服，需待時間將「囚氣」淡化。
- 裝潢施做時不必執著文公尺上面的紅色吉字，長度上還是以能讓人納吉氣為主要考量。因為從周朝傳下來的文公尺（魯班尺）本身準確度實待考證。
- 動到地板、敲牆等施工時，我們除了考慮自身需求外，大樓本身、周遭大樓狀況仍須列入考量，否則臨棟的老建物因為您家施工而漏水、龜裂，實不知該如何賠償起？
- 一般風水以窗戶太多為破財之相，但仍以考量納吉氣為主，吉方開窗多多益善，反倒是窗開太大容易收到雜氣。屋宅深長時也要多開窗，讓陽光、空氣能進屋，有句俗諺說：「陽光不到醫生到」，其道理淺而易懂。此外若想要施做整片觀景玻璃窗時，建議還是要在吉方留置可開之口，畢竟美觀之餘空氣流通才是最重要的。

・參考本書室內篇需注意的項次，跟裝潢師傅討論；如：變電箱不設置於臥房、書房附近，冷氣口位置不對人吹……等等。

・參考本書形家篇，需注意形煞的位置，若形煞無法避免時，則於裝潢時於該位置使用氣密窗會比鐵窗好得多，至少氣流不會全然進到內部房間裡。

・時間上七月施工不忌諱，但需配合社區、鄰居的作息。施工結束時若有祭拜是最好，或是直接併入入厝吉日裡再行祭拜也可。

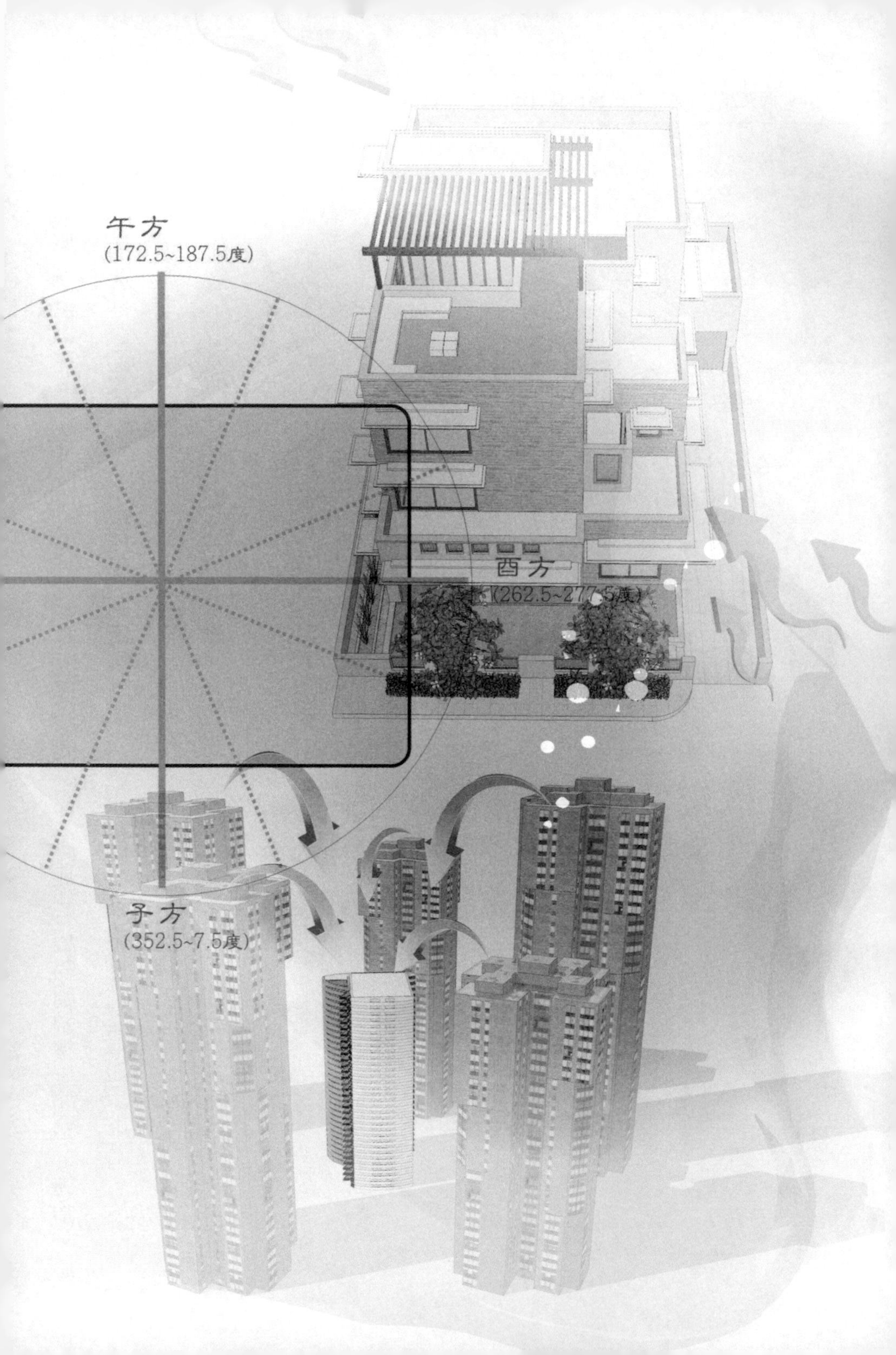
午方
(172.5~187.5度)
酉方
(262.5~277.5度)
子方
(352.5~7.5度)

第柒篇　增福、解煞篇

卯方
(82.5~97.5度)

關於財位的找法及應用

財位的找法：目前盛行於台灣風水理論、派別甚多，我簡列幾個方法供讀者參考：

財位找法一：由家中大門口向屋內，開門的斜角方即為財位。坊間很多老師都採這種看法，但我本身試驗後覺得不是很靈驗。

財位找法二：利用紫白飛星之法，找出房子的紫白財位，此為宅紫白（永久不變的），此外也可以再找出每一年的紫白財位，此為年紫白（每年方位會變動）。若宅紫白財位方找不到可用之地，則可利用年紫白財位方。若是兩個財位重疊，則效用更大！

我利用以下兩個表格，幫忙各位讀者找出來，宅紫白與年紫白的財位，讀者只需依表施做即可。

表四、宅紫白財位表：

八宅分類	宅紫白財位方
乾宅(坐西北向東南)	南方、中央、西方
兌宅(坐西向東之宅)	東北、東南、西北
離宅(坐南向北之宅)	西北、西南、東南
震宅(坐東向西之宅)	東方、東北、北方
巽宅(坐東南向西北)	西南、西方、南方
坎宅(坐北向南之宅)	中央、北方、東方
艮宅(坐東北向西南)	西方、東方、中央
坤宅(坐西南向東北)	東南、南方、西南

表四、宅紫白財位表

表四用法：

1、首先找出您的住宅是八宅分類的哪種住宅。

2、再將您的房子等分成九等分（分別是東、東南、南、西南、西、西北、北、東北，以及中央等九等分）。然後，就可依照表列將房子的財位找出來了。

財位找法舉例：有某宅為坐南向北之住宅，由上表，我們可以將它歸類為「離宅」。因此，這棟房子的財位為：房子的西北、西南方以及東南方等方位區塊內。如下圖所示。您可以選擇左圖或右圖方式，定義財位範圍，兩種方式都有人使用。

利用「宅紫白法」找財位舉例圖

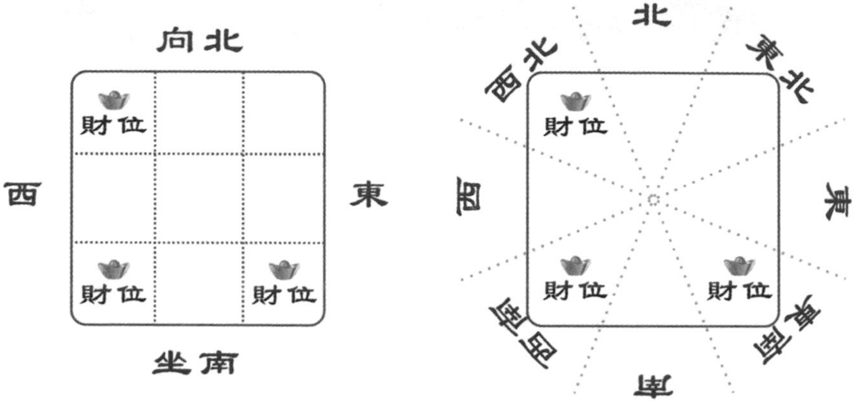

表五、年紫白財位表

年份(交小寒節氣始算)	年紫白財位
民國100年	東北、東南、西北
民國101年	南方、中央、西方
民國102年	北方、西北、東北
民國103年	西南、西方、南方
民國104年	東方、東北、北方
民國105年	東南、南方、西南
民國106年	中央、北方、東方
民國107年	西北、西南、東南
民國108年	西方、東方、中央
民國109年	東北、東南、西北
民國110年	南方、中央、西方

表五用法：

1、年紫白與房屋坐向無關。

2、將您的房子等分成九等分（分別是東、東南、南、西南、西、西北、北、東北，以及中央等九等分）。然後，就可依照表列將房子的年紫白財位找出來了。

3、每年交小寒節氣的時間不太一樣，大約是國曆的一月五日附近。

財位找法三：利用「八宅遊年法」找財位。八宅法即是坊間最多老師使用的風水法則，又稱「東西四命法」。簡述此法如下：

1、一般是配合宅主的出生年，算出此人屬於東四命亦或是西四命。

2、房子也簡略分為東四宅與西四宅兩個分類。

3、東四命之人必須住在東四宅的房子，西四命之人必須住在西四宅的房子。

4、若宅主是東四命之人，而家人中有西四命之人，則還是以宅主為主，需住在東四宅中。

5、不管東四宅或西四宅，每間房子都有四個方位是凶位（絕命方、六煞方、五鬼方、禍害方）、四個是吉位（生氣方、天醫方、延年方、伏位方）。

6、好方位可以擺床、書房、財位等，壞方位則可放置廁所、客人房等用途。

7、八宅遊年法雖然是最多人使用的方法，但是驗證起來卻不甚準確，而且其理論基礎有所缺陷，故讀者請斟酌使用。

由於坊間幾乎八成的風水書，都是使用這個法則堪宅，有興趣的讀者可自行看書即可。此處我僅說明利用此方法找財位而已，於此，我簡單製備三個表格，讓讀者依表查詢即可使用，非常便利。

表六、出生年份與命卦

此表將依您的出生年份（農曆），找出您是屬於何種八卦的「命卦」。
注意，此處的年份是以農曆立春為界，時間每年不太一樣，但都約為國曆二月四日附近。

民國年	30	31	32	33	34	35	36	37	38	39	40	41	42	43	44	45	46	47	48	49	50
男命卦	坤	巽	震	坤	坎	離	艮	兑	乾	坤	巽	震	坤	坎	離	艮	兑	乾	坤	巽	震
女命卦	坎	坤	震	巽	艮	乾	兑	艮	離	坎	坤	震	巽	艮	乾	兑	艮	離	坎	坤	震

民國年	50	51	52	53	54	55	56	57	58	59	60	61	62	63	64	65	66	67	68	69	70
男命卦	震	坤	坎	離	艮	兑	乾	坤	巽	震	坤	坎	離	艮	兑	乾	坤	巽	震	坤	坎
女命卦	震	巽	艮	乾	兑	艮	離	坎	坤	震	巽	艮	乾	兑	艮	離	坎	坤	震	巽	艮

民國年	71	72	73	74	75	76	77	78	79	80	81	82	83	84	85	86	87	88	89	90	91
男命卦	離	艮	兑	乾	坤	巽	震	坤	坎	離	艮	兑	乾	坤	巽	震	坤	坎	離	艮	兑
女命卦	乾	兑	艮	離	坎	坤	震	巽	艮	乾	兑	艮	離	坎	坤	震	巽	艮	乾	兑	艮

民國年	92	93	94	95	96	97	98	99	100	101	102
男命卦	乾	坤	巽	震	坤	坎	離	艮	兑	乾	坤
女命卦	離	坎	坤	震	巽	艮	乾	兑	艮	離	坎

從列表可知，命卦是每九年就會重複一次的規律。所以若沒有在表格上的年份，可請讀者自行推演。

表七、不同命卦所對應的東西四命類別、財位方

命卦	乾卦	兌卦	離卦	震卦
東西四命	西四命	西四命	東四命	東四命
財位方	西北、東北、西南	西方、西南、東北	東方、東南、北方	南方、北方、東南

命卦	巽卦	坎卦	艮卦	坤卦
東西四命	東四命	東四命	西四命	西四命
財位方	北方、南方、東方	東方、東南、南方	西南、西方、西北	東北、西方、西北

表八、東西四宅一覽表

宅卦	乾卦	兌卦	離卦	震卦
坐向	坐西北向東南	坐西向東	坐南向北	坐東向西
東西四宅	西四宅	西四宅	東四宅	東四宅

宅卦	巽卦	坎卦	艮卦	坤卦
坐向	坐東南向西北	坐北向南	坐東北向西南	坐西南向東北
東西四宅	東四宅	東四宅	西四宅	西四宅

以上三個列表的用法及例子如下：

假設某男出生年為民國64年，則查表可知他的命卦是兌卦，屬於「西四命」，財位在西方、西南、東北。因此，若依此派說法，此男必須居住、購買的房子應為「西四宅」。此宅的西方、西南、東北等三方則為財位方。

假設此男所選的屋子為坐西向東的「兌宅」，則財位方則如下圖所示。

找到了財位之後，我們要怎麼處理呢？我們建議如以下的簡單方式：

財位注意事項：

1、財位要光亮且不可壓樑。

2、財位附近不可堆放雜物且有壓迫之高物。

3、可以種植葉大而圓的植物（如黃金葛），但不要看到根（不用透明玻璃裝盛）。

4、可以點一盞小夜燈，晚上的時候也能呈現光亮。

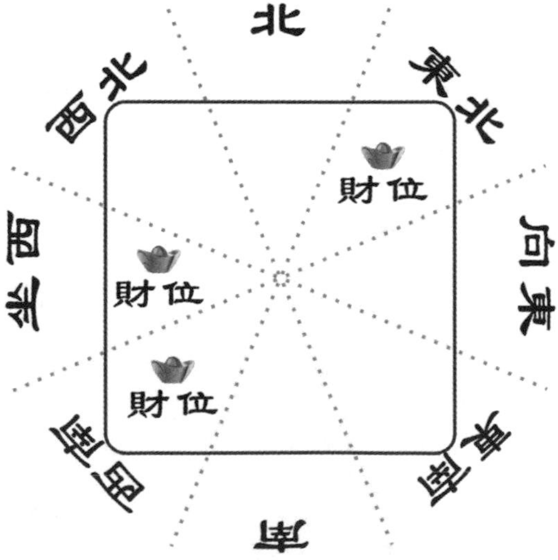

利用「八宅法」找財位舉例圖

5、財位要在不動方：不開門或不常走動處，要安靜。
6、財位要在直角方，不要是畸零地。
7、財位不可有尖角沖射或是近火源。
8、財位不可後開門或開窗、背後有門或有窗。
9、坊間對於財位的看法很多，我建議可以採紫白飛星法，但其方位收到的理氣要是旺方（回顧第壹篇，理氣的量測法）。
10、坊間針對財位建議的擺放之物也很多（如貔貅、水晶洞、魚缸……等），但多數為推銷性質，不如綜合上述1～8點來得省錢且有效。

關於文昌位的找法及應用

文昌位的找法：目前盛行於台灣風水理論、派別甚多，此處列舉幾個派別的說法，供讀者參考。

表九、宅紫白文昌位表

八宅分類	宅紫白文昌位
乾宅(坐西北向東南)	南方、東方
兌宅(坐西向東之宅)	東北、西南
離宅(坐南向北之宅)	西北、南方
震宅(坐東向西之宅)	東方、西北
巽宅(坐東南向西北)	西南、中央
坎宅(坐北向南之宅)	中央、東北
艮宅(坐東北向西南)	西方、北方
坤宅(坐西南向東北)	東南、西方

文昌位找法一：利用紫白飛星之法，找出房子的文昌位，此為宅紫白文昌（永久不變的），此外也可以再找出每一年的紫白文昌位，此為年紫白文昌（每年方位會變動）。若宅紫白文昌位方找不到可用之地，則可利用年紫白文昌位。若是兩個文昌位重疊，則效用更大！

我利用以下兩個表格，幫忙各位讀者找出來，宅紫白與年紫白的文昌位，讀者只需依表施做即可。

表九用法：

1、首先找出您的住宅是八宅分類的哪種住宅。

2、再將您的房子等分成九等分（分別是

表十、年紫白文昌位表

年份(交小寒節氣始算)	年紫白文昌位
民國100年	東北、西南
民國101年	南方、東方
民國102年	北方、東南
民國103年	西南、中央
民國104年	東方、西北
民國105年	東南、西方
民國106年	中央、東北
民國107年	西北、南方
民國108年	西方、北方
民國109年	東北、西南
民國110年	南方、東方

東、東南、南、西南、西、西北、北、東北，以及中央等九等分）。然後，就可依照表列將房子的文昌位找出來了。

3、如同先前所提財位找法的一般，請參考前述的例子，這裡就不另說明了。

表十用法：

1、年紫白文昌位與房屋坐向無關。

2、將您的房子等分成九等分（分別是東、東南、南、西南、西、西北、北、東北，以及中央等九等分）。然後，就可依照表列將房子的年紫白文昌位找出來了。

3、每年交小寒節氣的時間不太一樣，大約是國曆的一月五日附近。

文昌位找法二：利用「八宅遊年法」找文昌位。八宅的方法及原則請參考前面對於財位的簡述，此處我僅說明利用此方法找文昌位。於此，我簡單製備一個表格，讓讀者依表查詢即可使用，非常便利。

・利用八宅法找文昌位的例子：

假設某女出生年為民國56年，則查表六、表七可知，她的命卦是離卦，屬於「東四命」，又由表十一可知，她的文昌位在東方、南方。因此，若依此派說法，此女必須居住、購買的房子應為「東四宅」。此宅的東方、南方則為文昌位方。

此時假設此女所選的屋子為坐南向北的「離宅」，則文昌位方則如下頁圖所示。

文昌位注意事項：

1、文昌可設置為書房，書房的佈置注意事項請參考第二篇的室內格局。

表十一、不同命卦所對應的東西四命類別、文昌位置

命卦	乾卦	兌卦	離卦	震卦
東西四命	西四命	西四命	東四命	東四命
文昌位	西方、西北	西北、西方	東方、南方	南方、東方

命卦	巽卦	坎卦	艮卦	坤卦
東西四命	東四命	東四命	西四命	西四命
文昌位	北方、東南	東南、北方	西南、東北	東北、西南

2、此外，有一說文昌位不可被髒污所破（屎、尿之類的東西），否則功名無望，其實應該不會如此，不用擔心。也有人說文昌位不可放置廚房，小孩不喜讀書、大人升遷不易，但若是人的書桌、床位收旺氣的話，應該不會如此嚴重，不需因此大動土木更改格局。

3、文昌位看出屋外不能看到椰子樹、檳榔樹……等葉子散開的樹木，象徵文筆不銳利（形象如同古時候的毛筆頭開花）。

4、書房納氣如果可收到當旺的離氣，則讀書功名能有幫助！

5、有老師會建議擺放水晶洞、貔貅、銅麒麟或銅龍等吉祥物，來催化文昌位的效果。其實我覺得在文昌位上，東西擺放整齊、納氣及形家都對的話，剩下的就是自我努力以及讀書天賦的範疇了。如果擺放吉祥物可以增強自信，也無不可！但是如果這些行為反而成為偷懶的藉口（如：老師施法後，反正我考運一定會不

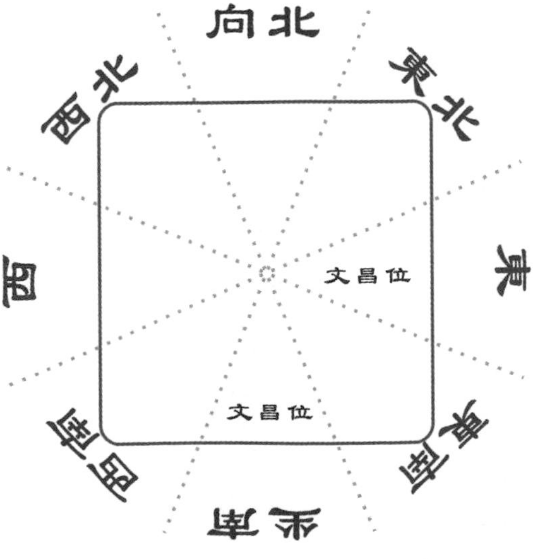

利用「八宅法」找文昌位舉例圖

錯），就反而適得其反了！

關於桃花位的找法與應用

桃花的應用在命理學談的很多，包含有好桃花、爛桃花等等。

其實現代人想催桃花，也不全然是感情或婚姻的追求。有一些職業需要桃花的幫襯，增加自己的好人緣，才能將業務順利推動，譬如推銷、演藝、寫小說的靈感等等。

而陽宅學的桃花也是從命理學演化而來，是希望藉由個人本命的桃花方位下動手腳，將桃花催化。

而一般陽宅老師也會從個人的臥室上取桃花位，因為每個人於臥室裡待的時間最長，所以桃花催化的時間也最久。除此之外，一般催桃花不外乎是使用粉水晶、真花……等偏向「浪漫」的東西，因此睡前、睡醒後都看著這些東西，一整天心情都會不錯，也有心理暗示作用存在。

陽宅學上，我有聽過兩個催桃花位置的版本，都是以個人生肖為分類，是什麼生肖他的桃花位就固定了。我都將之羅列出來供讀者參考。

．桃花位找法一與應用：

其一：桃花位是個人本命長生位

＊個人本命長生位為：

申子辰命（生肖屬猴、鼠、龍），長生位置在房間的申方（西南方偏西）

巳酉丑命（生肖屬蛇、雞、牛），長生位置在房間的巳方（東南方偏南）

亥卯未命（生肖屬豬、兔、羊），長生位置在房間的亥方（西北方偏北）

寅午戌命（生肖屬虎、馬、狗），長生位置在房間的寅方（東北方偏東）

桃花位找法一的例子如下圖所示。

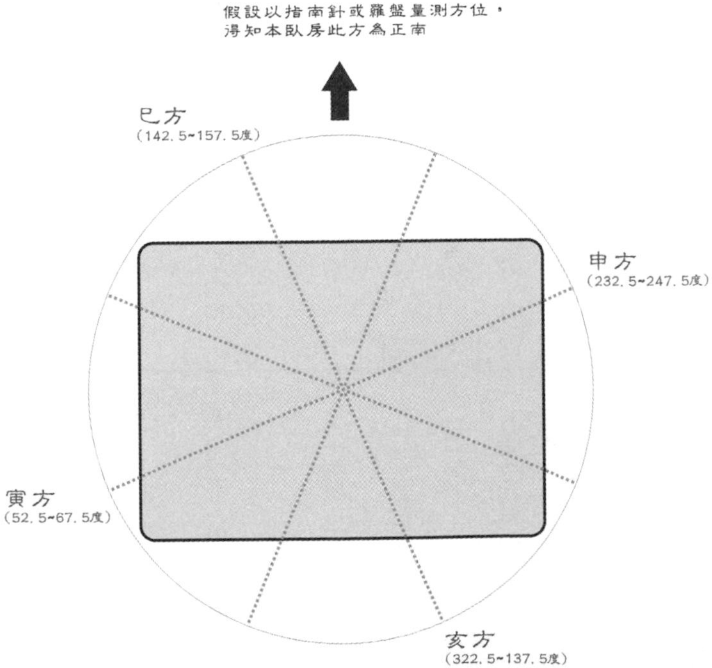

應用：

1、一般求桃花的做法為擺放紫晶或粉晶，然後偶爾噴水讓其濕潤。還有一種是在桃花位擺放鮮紅色的花朵，要使用真花，不可為塑膠假花，用花瓶裝水盛之，花凋謝枯萎前要更換它，花瓶的水約六分滿即可。

2、擺放以上吉祥物的日子，可以參考農民曆上寫有嫁娶、納彩吉課的日子。但是這個日子不可與個人生肖相沖。所以屬老鼠的不可選午日、屬牛的不選未日、屬虎的不選申日、屬兔的不選酉日、屬龍的不選戌日、屬蛇的不選亥日、屬馬的不選子日、屬羊的不選丑日、屬猴的不選寅日、屬雞的不選卯日、屬狗的不選辰日、屬豬的不選巳日。

3、如果有對象，放置對方小照片也可以。如果沒有，則可以放置他人情侶照（如外國人情侶照）或浪漫的風景照亦可。時時心存意念，則事半功倍！

4、注意擺放之物：不壓樑下、不擺於不穩的地方、不擺於鏡子前（鏡花水月，虛假的感情）。

・桃花位找法二與應用：

其二：桃花位是個人本命的桃花位

＊個人本命桃花位為：

申子辰命（生肖屬猴、鼠、龍），桃花位置在房間的酉方（正西），

巳酉丑命（生肖屬蛇、雞、牛），桃花位置在房間的午方（正南），

亥卯未命（生肖屬豬、兔、羊），桃花位置在房間的卯方（正東），

寅午戌命（生肖屬虎、馬、狗），桃花位置在房間的子方（正北）。

桃花位找法二的例子如下圖所示。

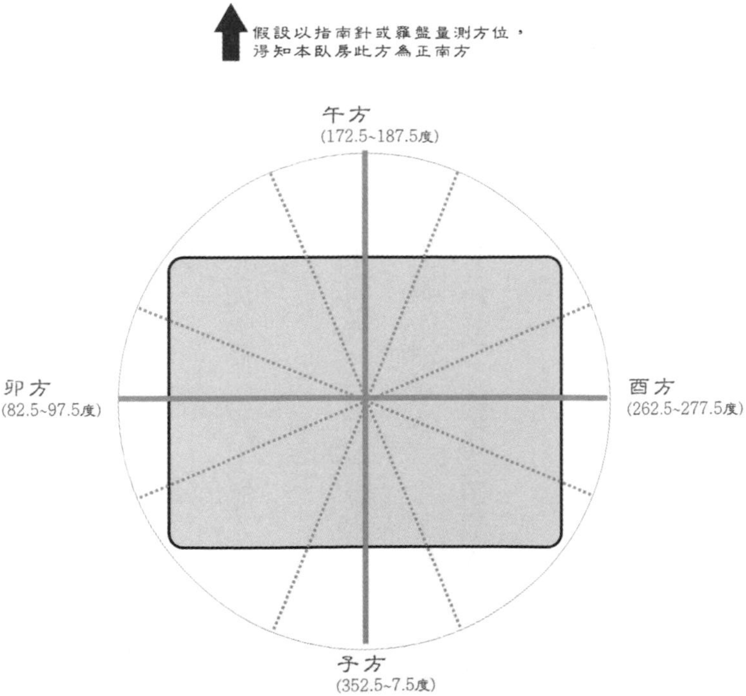

應用：

1、生肖屬猴、鼠、龍的人桃花位在房間的正西方，而正西方於五行上屬金，因此可以擺放如百合，或是白色系花朵（如水仙）等等。

2、生肖屬蛇、雞、牛的人桃花位在房間的正南方，而正西方於五行上屬火，因此可以擺放粉晶、紅、紫色花朵（如鳳仙、蝴蝶蘭）等等。

3、生肖屬豬、兔、羊的人桃花位在房間的正東方，而正西方於五行上屬木，因此綠色植物盆栽皆可使用。

4、生肖屬虎、馬、狗的人桃花位在房間的正北方，而正西方於五行上屬水，因此可以擺放藍色、黑色的花瓶，種植需要水植、水培的植物為代表。

5、或是使用一般求桃花的做法：男生擺放紫晶，女生為粉晶，然後偶爾噴水讓其濕潤。

6、擺放以上吉祥物的日子，可以參考農民曆上寫有嫁娶、納彩吉課的日子。但是這個日子不可與個人生肖相沖。

7、注意擺放之物：不壓樑下、不擺於不穩的地方、不擺於鏡子前（鏡花水月，虛假的感情）。

8、時時想著好緣分、好人緣、好對象，則更事半功倍喔！

坊間有關形家的化煞之法

關於形煞的生成條件與改法，我們已經在前幾篇中說明過了，在這裡，我將一些坊間化煞方法列出來，供讀者參考，做為增長見聞用，至於有效與否？則還是參考我先前的論述，切不可迷信。

1、山海鎮：山海鎮乃是常見的鎮宅、化煞轉禍為祥之風水寶物，是台灣常見的門楣辟邪物之一。在木板上或鏡面上畫山、海、日、月、八卦等圖案，並在兩側寫上「我家如山海、對我正生財」的字樣。山海鎮做為辟邪物主要是藉助山、海的力量，來鎮制門前風水沖煞。

山海鎮據聞可以解路沖、屋脊煞、獸頭、牌樓、廟角沖射、電線桿、反弓煞、剪刀煞、天斬煞、小人探頭煞、壁

刀煞、變電箱、電塔、無尾巷、煙囪、面對高聳建物、捲簾水、火形煞、高架陸橋、陰地、車道口、對到電梯口、對到破屋、神前廟後、前方高壓、藥罐煞、割腳水、機場鐵路旁等等形煞煞氣。

2、**八卦鏡：**八卦鏡自古以來就是震懾邪魅的化煞物品與吉祥納福之物之一。八卦鏡是八個卦象（一般為先天八卦的卦象）和鏡子（凹透鏡或凸透鏡）的組合體，主要作用是化煞與納福的功能。凸透鏡是利用光線反射的現象，視為可以反射形煞、煞氣的一種表現；而凹透鏡則利用與凸透鏡相反的原理，風水師一般視為有可以聚集氣場、增加宅運等作用。八卦鏡據聞可以解路沖、屋脊煞、獸頭、牌樓、廟角沖射、電線桿、反弓煞、天斬煞、壁刀煞、煙囪煞、對到電梯口。

3、**五帝錢：**五帝錢裡的五帝指的就是清朝時期的順治、康熙、雍正、乾隆、嘉慶等五個皇帝，他們在統治期間所流通的錢幣就稱為五帝錢。由於錢幣上刻有運勢極

強旺的當朝帝號，再加上錢幣的外形符合所謂的天圓地方（孔方兄）的概念，因此五帝錢就被視為具有天、地、人三才匯聚、和諧的功用，也廣泛的被風水師應用於化煞、制煞用途。

據聞五帝錢的功效很廣，具備旺宅、鎮宅、避邪、化煞、防小人等諸多功能。形煞諸如凸形煞、捲簾水、龍虎邊地勢不均勻、騎樓上方、車道口、地勢前低後高、房屋兩高夾一低、一屋獨聳、割腳水等均能化解之。

4、符咒：符咒的用途很廣泛，其用於風水上的符咒也有多種選擇，依不同用途有不同符咒使用。而就算用途一樣的符咒，因為其派別的不同，所繪出來的圖案、文字也有所不同。

用途舉例：如果搬家沒有擇吉日，犯了三煞、土煞，則可以使用三煞符，效用約為一年。所謂的三煞，就是座東三煞，巳酉丑。座南三煞，申子辰。座西三煞，亥卯未。座北三煞，寅午戌。

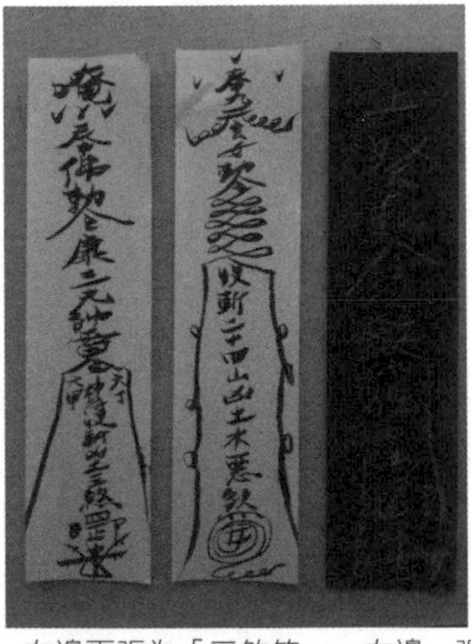

左邊兩張為「三煞符」，右邊一張為「制火災符」

如有火形煞，如屋脊煞、正對三角形、紅色招牌等，可使用制火災符，效用約一年。

5、**銅龍、銅麒麟：**龍與麒麟自古就被視為吉祥瑞獸的一種，因此其形象在風水上也被視為具有很強的鎮煞作用，同時亦可以安定屋宅氣場、保護自身及家宅平安。

龍的形象一般較為人所知，而麒麟的造型為雙角似鹿、龍頭、鱗身、背鰭、獅尾、馬蹄（如下照片）。千百年來麒麟的圖像頻繁的出現於孔廟、書院，是天下太平之兆，也是子孫繁衍的象徵。

銅龍、銅麒麟據聞可以解大樹煞、天斬煞、變電箱、電塔、無尾巷、火形煞、陰地、神前廟後、水塔、龍虎邊地勢不均勻、穿堂煞等形煞。同時據聞麒麟還有送子、升遷等用途。

6、**貔貅：**音同「皮休」，又名天祿，是中國古代神話傳說中的一種神獸，龍頭、馬身、麟（麒麟）腳，形狀似獅子，毛色灰白，會飛。貔貅兇猛威武，喜吸食魔怪

的精血，並轉化為財富（有一說因為貔貅有嘴巴但沒有屁眼，所以財富只進不出）。它在天上負責巡視的工作，阻止妖魔鬼怪、瘟疫疾病擾亂天庭。另有一傳說貔貅觸犯天條，玉皇大帝罰他只以四面八方之財為食，吞萬物而不瀉，可招財聚寶，只進不出，神通特異。

貔貅在風水上據聞可以解大樹煞、陰地、對到破屋、穿堂煞、當作招財吉祥物等用途。而常見的材質有水晶、玉、銅製品、石頭……等等。

7、石獅、石敢當：獅子為萬獸之王，因此石獅常用於廟門口做為鎮廟除煞之用。一般依中國人的觀念來做擺放，「男左女右」，左邊為獅子爸，右邊為獅子媽，獅子爸腳踩繡球或古錢幣，而且嘴巴張開，嘴裡含石珠，獅子媽腳下有隻小石獅，表現出母親的偉大。

石敢當，又稱泰山石敢當，是立於街巷之中，特別是丁字路口等路沖處被稱為凶位的牆上，用於辟邪的碑石。石碑上刻有「石敢當」或「泰山石敢當」的字，

在碑額上還有獅首、虎首等淺浮雕。根據維基百科上的說明，「石敢當」的文字記載最早見於西漢史游的《急就章》：「師猛虎，石敢當，所不侵，龍未央」。元代陶宗儀《南村輟耕錄》中記載：「今人家正門適當巷陌橋道之沖，則立一小石將軍，或植一小石碑，鐫其上曰石敢當，以厭禳之。」

石敢當的功效從最初的壓不祥、辟邪發展到驅風、防水、辟邪、止煞、消災等多種功效。宋代出土的唐大曆五年（770年）的石敢當上刻有「石敢當，鎮百鬼，壓災殃，官吏福，百姓康，風教盛，禮樂昌」文字，可以看出當時石敢當的作用。石獅、石敢當據聞可以解剪刀煞、房子左右邊不對稱（龍高虎低、虎高龍低）、鎮屋宅、鎮路口。

8、水晶、水晶洞：天然水晶的化學成分為SiO_2，比重為二點六五，莫氏硬度為七（一般玻璃硬度約為五點五）。因為每塊水晶深藏於地底至少歷經八千至一億多年的時間，因此很多水晶迷號稱其已盡收天地靈氣，所以水晶

紫晶洞：據聞有助腦力開發、財運、人緣、穩定情緒、感情圓滿

具有調氣化煞、改善體質的功能是屬必然……。除了不可量化的「靈氣」的因素外，水晶的科學研究上也告訴我們，天然水晶具有散發能量磁場、記憶儲存、訊號擴大、能量轉換、訊息傳遞、能量聚焦等特性。近來再經由電視購物、廣告等媒體推波助瀾下，水晶愛好者已從早期的靈修者、收藏家而變為一般普羅大眾了。其早期購買的欣賞、冥想的用途，逐漸演變成風水、招財、身體健康、求智慧……等「一般用途」。坊間寫關於水晶的書籍、網路資訊眾多，讀者可以自行參閱。

水晶用於風水形煞制煞上，據聞可解變電箱、電塔、招財吉祥物、提升身體運勢等用途。此外，還可區分不同顏色的水晶，其用途又另有不同。

9、葫蘆：葫蘆是人類最早種植的植物之一，葫蘆一般被用來裝藥、裝酒等當作容器使用。而道教認為葫蘆可以凝聚氣，因此使用葫蘆裝丹，故葫蘆在道教中已經超出了一般的容器，而有法器的作用。此外葫蘆也因為形狀口窄身大，因此負有收妖收鬼的意涵，髒東西進得去出不來。也因此葫蘆於中國人的潛意識中，就具有治病（諺語：

「葫蘆裡裝什麼藥？」）、收煞等用途，所以之後被衍申用來做風水上的制煞、吉祥物，也就可解釋了。

葫蘆據聞可以解鬧鬼、加油站、火形煞、藥罐煞等用途。

10、**羅盤：**羅經上頭有磁針，又刻有八卦、河圖洛書圖案、二十四節氣及六十甲子（天干地支）、六十四卦、星曜、二十四山等符號，因此給人有神秘莫測、天下秘密盡藏於此之感。加上傳說的風水事蹟渲染，因此風水師手執的羅盤自然也有制煞、祈福的威能；倘不能制煞的話，風水師豈能不倒楣？倘不能祈福的話，又怎能找到好地理風水？其實是人們潛意識的貢獻居多啦，因此我就記得了南懷瑾老師的一句話：「這是人的偉大，不是八卦的偉大。」

此外，又有一說為經法師開光後，羅盤本身就具有羅盤神，因此就有化煞的功能。

據聞羅盤（掛、放二用）可用於風水鎮宅制煞、防車關意外、招財、保平安。而風水上鎮宅制煞為解陰地、法院警局旁、鬧鬼、運勢不振等形煞。

羅盤有大小之別，照片為大羅盤，而一般隨身用的為小羅盤

有關理氣的化煞之法

納氣派的化煞之法：

關於理氣的煞氣，我之前有強調過，我們在此簡單重複一次：於家中所收的外氣、內氣都要是旺方，合乎元運的。也就是要收到乾方、兌方、艮方、離方的來氣。倘若是有收到坎方、坤方、震方、巽方來的氣，則為不吉。

而萬一收到夾雜的旺衰兩氣，亦是不吉的，就如同老鼠屎入粥一樣，這碗粥還是不能喝的。

如下圖所示，羅盤置於人所常在的位置（如床的枕頭位置、客廳沙發），然後看往門窗的方向，其相對位置是屬於旺方或凶方，若是旺方的，則此門此窗要常開（尤其是人待在這個地方的時候），此時，您便可收到房子所帶來的好理氣，當然就會有好的感應。但是千萬記得，如果開門開窗會遇到形家的形煞（如壁刀、屋脊煞等），則反而不開為妙喔！

八方相對旺衰位置
（於目前元運下，西元2004～2044年立春）

但是如果門、窗的方位是在吉方與凶方夾雜的地方，這種情形很常發生，千萬不要緊張，您只要將窗戶開左或開右，取吉方開窗透氣即可！此外您甚至可以擺放一個限制窗戶開窗範圍的小物，如此可以防止窗戶開過頭，收到夾雜衰方來氣。

而至於門的部分，因為一般設計上只有開與關的選項，除非可改為推拉門，可依照窗戶模式辦理，否則人在的時候，位於衰方之門只好不常走動進出、不常開，來避免收到衰氣。

還有一種情形，是門與窗的位置都是在衰方範圍內，則如果您住得夠久的話，想必已經開始不順了，不管是金錢或是家庭感情、健康上……。不過，您現在已經經由本書知道原因了，至於改法，較簡單的方法有搬家，或重新裝潢看有無辦法避開？但是這不是一般人所能採用的方式。所以，我們只能建議於衰方的門窗，於人在的時候開一小縫可供透氣即可，而如果吹的是冷氣空調的風，則沒有旺衰可言，因此也可考慮以冷暖氣來控制，但是此舉長期下不利健康，也傷荷包。另還有一種做法是利用水的「反衰為旺」特性，於外陽台處置放一個水缸，將來氣改為來水，但是此舉可能會造成室內潮濕，而且水要常更換否則會有髒污、蚊蟲等問題。一般住於大樓公寓的家庭使用上也有其困難度。

三合派的煞氣及其化煞之法：

一般常說的三合派陽宅為四大水口（長生水法）、三合四大局、賴公撥砂等訣，與我底下說的煞氣不甚相同。不過那只是稱呼的不同，三合派擇日也用的是太歲、三煞等詞，因此我在此稱呼為三合派煞氣，讀者甚勿怪之。

1、**太歲**：民間曆法所謂的「太歲」，其實是古人所假設的一個神煞，其真正的天文意義，是在於木星軌道宮度的觀察結果。木星運行時，其每年所在的相對位置，若剛好位於120度及本宮、對宮（亦即紫微斗數上所說的「三方四正」位置），則此處所受的萬有引力將很大；因此人們若於此處動土、造葬、掘井、蓋屋動工……等，則恐會有災難來臨，因此才有「不要在太歲頭上動土」的說法。而在陽宅學的說法，「太歲方」其實是今年地支的地支方，比如說今年為辛卯年，則卯方就是今年的太歲方。

- 坊間有「太歲可坐不可向」的開運法，亦即如果今年為卯年，太歲方為卯方，因此在辦公室時將座位喬到卯方（即正東方），或是會議、洽談業務時，先坐好這個方位的位置，則可收當年太歲之助，進而提升運氣。但若是不小心坐到了太歲的對方（稱為「歲破方」），則運勢不增反減。如上例，若是辦公室坐到了卯方的正對位（亦即酉方，正西方），則稱為坐歲破方，甚為不吉。

- 同理，我們將之引申到陽宅上，如果自家的今年歲破方有動工、修造、挖地基等工事發生，則稱為「犯歲破」，犯歲破為犯土煞的一種，是為不吉，因此人會有常生病、運勢不佳的現象產生。
- 犯了歲破要怎麼解呢？我們可以於該方掛上銅鈴或是銅製品來解，原理上是以五行中的金來洩化土的煞氣，當然您也可以購入銅製麒麟、貔貅等開運物，但其效果與相對便宜的銅鈴一樣。

下表為每年的太歲方與歲破方、三煞方位置，以大家常使用的生肖年做為列表。

2、三煞：每一個流年都有其三煞位，而三煞方可向不可坐，因此三煞方若是修造、動土等皆為不吉，甚凶！雖然三煞在三合派的說法，是很凶的煞，但我們更進一步來看一些書上的說法，可以

生肖年	鼠年	牛年	虎年	兔年	龍年	蛇年	馬年	羊年	猴年	雞年	狗年	豬年
太歲方	子方	丑方	寅方	卯方	辰方	巳方	午方	未方	申方	酉方	戌方	亥方
歲破方	午方	未方	申方	酉方	戌方	亥方	子方	丑方	寅方	卯方	辰方	巳方
三煞方	南方	東方	北方	西方	南方	東方	北方	西方	南方	東方	北方	西方

明瞭更多一點，以及怎麼避開它。

- 一般擇日的通書上寫：「三煞只忌修方，先從吉方起手，連及修之無害。」根據上述，若是今年生肖年為龍年，則屋子南方有修造之事，就是犯了三煞。但若是從元運的吉方開始修造，一路進行到南方，則三煞就為無害了。現今元運的吉方為（西北、西方、東北、南方），所以若從西方改建動工開始，一路動工到南方則無妨，通書如是說。
- 此外古書〈宗鏡〉曰：「三煞制法有三：一要三合局以勝之，二要三合得令之月，三煞休囚之月，三要本命貴人祿馬及八節三奇紫白，或太陽太陰以照臨之。小修則或月或日的納音剋三煞方之納音，得一吉星到方可也。」這是使用擇日的做法，挑選出吉時吉課開始動工修造，如此就可以免去三煞的凶性。書上雖有如此做法，但除了沒有擇日知識的一般民眾，於使用上非常的不便外，而且據擇日師的說法上，就算以擇日學避開，還是有一定的凶險；如我的擇日老師就特別強調，於三煞方修造，能避就避！
- 另外還有符籙學的做法，就是請老師書寫一帖三煞符，以符咒的法力制化之，當然貼符的時間也要配合吉時，但這應該是最簡單的剋制三煞的方式了！

紫白九星派的煞氣及其化煞之法：

說到理氣的煞氣，一個基本的重點就是五行的不平衡，如同中醫學中，一旦人體中的「金、木、水、火、土」五行處於不平衡的狀態，那麼人就會生病，而風水亦然。

九星派學說將房子分為八方九宮（八卦方位及中央），而每個方位會隨著時間有著不同的五行，這種依時間與方位而變的現象又稱之為「飛星」。每個「飛星」的單元，含有數字、八卦名稱與五行，茲簡述如下：一白坎水、二黑坤土、三碧震木、四綠巽木、五黃中央土、六白乾金、七赤兌金、八白艮土、九紫離火。

居家八方九宮方位中，因五行的不平衡而造成的理氣煞氣，其來源有三：

‧煞氣其一，方位吉凶：

根據您家的坐向，排出九星的基本盤，也就是說，當您家坐向固定，則每個方位的「單元飛星」就固定了，那麼我們就可以以中宮為主，依中宮的五行，把各方位與中宮的五行生剋關係找出，進而決定吉凶。

這種吉凶方式太過於籠統，而且實驗上不是很準確，而且現今的公寓式住宅於購買時，格局幾乎已經確定（如廁所、臥室、客廳、廚房等），就算九星盤排出來時，有違反五行生剋之方位，也很難改善，因此，這裡我只約略提過不多做討論。

我們以下例坐南向北之宅做為解釋，之後我羅列出一張表，讀者可以依照自宅坐向，找出自宅吉凶方位。

坐南向北之宅（離宅），其九宮飛星會排列如下，此為定值，與房子年份或男女主人生肖等無關：

方位：東南 八白艮土	方位：南方 四綠巽木	方位：西南 六白乾金
方位：東方 七赤兌金	方位：中央 九紫離火	方位：西方 二黑坤土
方位：東北 三碧震木	方位：北方 五黃中土	方位：西北 一白坎水

中宮的九星五行為火，以中宮五行的火為自己，而各宮的五行依據五行生剋原則：「木生火、火生土、土生金、金生水、水生木；木剋土、土剋水、水剋火、火剋金、金剋木。」將各宮的五行與中宮我的五行關係列出，如下所示：

五行中：「『我生為洩氣，凶』、『生我為生氣，吉』、『同我為旺氣，吉』、『剋我為煞氣，凶』、『我剋為死氣，凶』。」

凶方宜設置成不常使用的用途，如：廁所、擺置重物、倉庫、客房、下手處（地勢低平之處）、污水出水口、廚房抽油煙機出氣口……等。

吉方則設置成經常出入使用的用途，如：床位、書桌、神位、大門、爐灶、客廳……等。但讀者若遇到床、沙發、爐灶、書桌於此三大凶方，實也不需緊張！

下表為各坐向之屋子其生氣方、旺氣方、洩氣方、死氣方、煞氣方之列表，供讀者參考：

方位：東南 火生土，因此此方為 「洩氣方」（凶）	方位：南方 木生火，因此此方為 「生氣方」（吉）	方位：西南 火剋金，因此此方為 「死氣方」（凶）
方位：東方 火剋金，因此此方為 「死氣方」（凶）	方位：中央 九紫離火	方位：西方 火生土，因此此方為 「洩氣方」（凶）
方位：東北 木生火，因此此方為 「生氣方」（吉）	方位：北方 火生土，因此此方為 「洩氣方」（凶）	方位：西北 水剋火，因此此方為 「煞氣方」（凶）

八宅分類	宅的方位：北方	宅的方位：東北方	宅的方位：東方	宅的方位：東南方	宅的方位：南方	宅的方位：西南方	宅的方位：西方	宅的方位：西北方	宅的方位：中央
乾宅（坐西北向東南）	生氣方，吉	煞氣方，兇	死氣方，兇	生氣方，吉	洩氣方，兇	死氣方，兇	生氣方，吉	旺氣方，吉	無吉凶可言
兌宅（坐西北向東南）	死氣方，兇	洩氣方，兇	生氣方，吉	旺氣方，吉	生氣方，吉	死氣方，兇	煞氣方，兇	生氣方，吉	無吉凶可言
離宅（坐西北向東南）	洩氣方，兇	生氣方，吉	死氣方，兇	洩氣方，兇	生氣方，吉	死氣方，兇	洩氣方，兇	煞氣方，兇	無吉凶可言
震宅（坐西北向東南）	死氣方，兇	煞氣方，兇	生氣方，吉	死氣方，兇	煞氣方，兇	洩氣方，兇	死氣方，兇	旺氣方，吉	無吉凶可言
巽宅（坐西北向東南）	洩氣方，兇	煞氣方，兇	死氣方，兇	旺氣方，吉	死氣方，兇	生氣方，吉	煞氣方，兇	死氣方，兇	無吉凶可言
坎宅（坐西北向東南）	生氣方，吉	洩氣方，兇	煞氣方，兇	死氣方，兇	煞氣方，兇	生氣方，吉	洩氣方，兇	煞氣方，兇	無吉凶可言
艮宅（坐西北向東南）	煞氣方，兇	旺氣方，吉	洩氣方，兇	洩氣方，兇	煞氣方，兇	旺氣方，吉	死氣方，兇	生氣方，吉	無吉凶可言
坤宅（坐西北向東南）	洩氣方，兇	旺氣方，吉	生氣方，吉	死氣方，兇	洩氣方，兇	旺氣方，吉	煞氣方，兇	煞氣方，兇	無吉凶可言

．煞氣之其二，紫白九星本身所帶的吉凶：

九宮中的四種不吉利飛星，古人賦予其意義：（1）二黑坤土巨門星，為病符星，主疾病、瘟疫。（2）三碧震木祿存星，主口舌紛爭。（3）五黃中央土廉貞星，主凶災、禍患。（4）七赤兌金破軍星，主兵災、盜賊，以及官非或刀傷、手術等。

而上面這四種飛星煞氣，一般都是處於失運之時才會顯現凶象。因此，依目前元運而言，尤應小心二黑、三碧與五黃的位置。

同理，這種吉凶方式一樣太過於籠統，而且實驗上不是很準確，而且現今的公寓式住宅於購買時，格局幾乎已經確定（如廁所、臥室、客廳、廚房等），就算九星盤排出來時，有碰到凶星之方位，也很難避免進出或置之不用，因此，這裡我只約略提過不多做討論。讀者若遇到床、沙發、爐灶、書桌於此三大凶方，實也不需緊張！

下表為各坐向之屋子其二黑方、三碧方、五黃方之列表，供讀者參考：

八宅分類	宅的方位：北方	宅的方位：東北方	宅的方位：東方	宅的方位：東南方	宅的方位：南方	宅的方位：西南方	宅的方位：西方	宅的方位：西北方	宅的方位：中央
乾宅（坐西北向東南）	二黑坤土	九紫離火	四綠巽木	五黃中土	一白坎水	三碧震木	八白艮土	七赤兌金	六白乾金
兌宅（坐西北向東南）	三碧震木	一白坎水	五黃中土	六白乾金	二黑坤土	四綠巽木	九紫離火	八白艮土	七赤兌金
離宅（坐西北向東南）	五黃中土	三碧震木	七赤兌金	八白艮土	四綠巽木	六白乾金	二黑坤土	一白坎水	九紫離火
震宅（坐西北向東南）	八白艮土	六白乾金	一白坎水	二黑坤土	七赤兌金	九紫離火	五黃中土	四綠巽木	三碧震木
巽宅（坐西北向東南）	九紫離火	七赤兌金	二黑坤土	三碧震木	八白艮土	一白坎水	六白乾金	五黃中土	四綠巽木
坎宅（坐西北向東南）	六白乾金	四綠巽木	八白艮土	九紫離火	五黃中土	七赤兌金	三碧震木	二黑坤土	一白坎水
艮宅（坐西北向東南）	四綠巽木	二黑坤土	六白乾金	七赤兌金	三碧震木	五黃中土	一白坎水	九紫離火	八白艮土
坤宅（坐西北向東南）	七赤兌金	五黃中土	九紫離火	一白坎水	六白乾金	八白艮土	四綠巽木	三碧震木	二黑坤土

．煞氣之其三，飛星組合下的新變化：

因為時間的因素，於屋宅坐向基本盤（如先前的生、旺、洩、死、煞氣表）中，會加入因為流年、流月所帶來的飛星於其中，因而產生同一個方位內有兩個飛星。而此時間盤的與基本盤的飛星會互相產生新的變化，古人依據此交互變化羅列出其吉凶，其中以下為凶相的組合：

＊看以下的搭配組合時先不用緊張，接下來我會給一張整理好的表，然後讀者可以照表查詢，找出住家於哪個方位、哪年會有哪種數字組合，然後再依說明化解之！

1、**一二組合：**一代表一白坎水，二代表二黑坤土，五行中土會剋制水，一白水自然受到二黑坤土的制狀。而坎卦與人體關係是代表：泌尿膀胱、耳朵、血液與脈搏、腎臟以及婦女病等。因此飛星中若有此組合時，需注意身體的水系統發生問題。化解二黑土剋制一白坎時，我們可利用五行屬金物體，用金去洩露土氣，使土生金，金生水。所以，我們可以在一二組合的宮位方位上掛六個銅錢，或是放置六個台幣一元也可，非常簡單。

2、**一五組合：**一代表一白坎，五代表五黃土，五黃為土煞，象徵病痛、破耗、死傷的凶星。書中說，住在此組合宮位的人，易有中毒、傷亡和牢獄之災。

化解此煞時，亦可利用五行屬金物體，用金去泄漏土氣的方法。但有人說，由於五黃力量很大，一般不能以平常方法化解，需找到清朝的五帝古錢方可化解之。我想，現今買到的五帝錢應該多為仿品，與其被騙，而且化煞原理均為一樣；因此，我們一樣在一五組合的宮位方位上，掛六個銅錢，或是放置六個台幣一元的方式，應也可化解。

3、一八組合：一白坎水與八白土組合。土能剋水，因此還是以五行金來化解。因為此組合凶性不強，一般建議是用一個圓形銅鐘或是銅鈴化解。也就是在一與八組合的宮位上，安置以上的銅製物即可！此外，此一八組合的方位上，也是紫白財位的位置之一，讀者亦可依前述財位的處理方式，來增加財運喔！

4、一九組合：五行中一白坎水能剋九紫火，因此此方位除易生火災、破財外，屬火的身體部分易產生不舒服，諸如目疾、血壓、頭痛、吐血等。

化煞是運用四綠木化解，因四與九在河圖數組合中，稱四九為友金。此二數組合後，反以五行金生一白坎水。同時四巽為文昌星，一四同宮，亦有利科名，一舉數得。因為煞氣不重，所以此方可種植四株綠色植物或直接擺放四支綠色木製鉛筆，以上為簡易化解之法。

5、二三組合：又名鬥牛煞，應此官司爭吵、鬥毆之事容易發生。而身體上的應驗多為土系統（消化系統）出問題。

由於五行中木剋土，因此化解之法可加入火元素，使之產生木生火，火又生土的化煞功效。屋內可放一小塊紅地氈、用紅色裝飾品去化解，但因為紅色也是會有火氣大、口舌、火災等現象產生，因此，還是建議此組合發生之方位，以不常進出、使用為佳。

6、二四組合：五行上木來剋制土，因此在人體上代表腹、皮膚、胃、消化系統會出問題。於八卦取象上，二坤是老母，四巽是代表長女，因此有一說法，此二數組合，可以比喻二女同宮，稱寡婦數，易產生寡婦，意即居此處，不利丈夫的身體、運勢。其實此說法太過了，不需理會。

其化解方法同上，於此方位內可放一小塊紅地氈，用紅色裝飾品去化解，但因為紅色也是會有火氣大、口舌、火災等現象產生，因此，還是建議此組合發生之方位，以不常進出、使用為佳。

7、二五組合：此煞極凶，俗稱「二五交加」，這二五組合，等同有兩個土煞的力量，人一逢之則會有生病（尤其是消化系統上）、流產、宅母多病等現象產生。

尤其是房子的此處常有人走動、開門時，則凶象更為明顯。〈易經繫辭傳〉云：「所謂吉凶悔吝者，生乎動者也。」

因為此煞極凶，所以化解之法比較麻煩，師父上是以「安忍水」化之。安忍水的做法是以一個玻璃瓶裝八分滿水，放入一個新台幣五元硬幣、六個一元硬幣、粗鹽（多一點無妨，鹽會自然結晶），完成後瓶口不加蓋。將安忍水放置於不易被翻倒的角落、床下，就可以了。

8、**三五、三八組合：**由於五行中木剋土，因此化解之法可加入火元素，如用紅色之物（地毯、窗簾、燈或花）去化解。但其實於河圖數中，三八為朋木的關係，因此此煞若犯到時，不化解亦是無妨。

9、**三六、三七組合：**金剋木，可運用五行水做通關化解，水泄金生木。因此可在此宮位上擺設黑色的物品（黑色代表水），或是擺放魚缸、水缸化之。其中的三七組合又稱「交劍煞」，犯者除身體疾病外（木主肝、膽、神經情智等），還另主官災、劫盜之事。

10、**四五、四八組合：**木剋土，可運用五行火做通關化解，凶象與解法同之前三五組合所述。

11、**四六、四七組合：**金剋木，可運用五行水做通關化解，凶象與解法同之前三六所述。

12、**六七組合：**六七同屬金，由於金為肅殺之氣，六七同宮時，肅殺之氣過重，除了身體上容易有金的疾病（肺、頭、氣管、喉嚨等），還有刑殺、官非、吵架等問題。但此煞驗證起來不是很嚴重，因為五行中並無相剋情形產生。要化解金屬的肅殺之氣，唯一的方法就是運用水。可以在此宮位上按置魚缸，養黑色的魚等方式。

13、**九五組合：**有一說為九紫火生五黃土，使五黃煞更旺。此二星組合會促使不利凶禍事很快發生，可以運用先前所說的銅錢或銅製風鈴等小物，使利用五行金泄去五黃土煞。但此煞驗證起來不是很嚴重，因為五行中並無相剋情形產生。

14、**九六、九七組合：**五行中的火剋金，可運用五行土做通關化解，土泄火生金。因此可在在此宮位上擺設黃色的物品（黃色代表土），如黃水晶、黃色小地毯、黃窗簾等物化之。其中的九七組合又稱「九七合轍」，犯者除身體疾病外，還另主火災之事。因此，若遇到九七的組合，我們除了五行土之外，還需注意以五行水來解之，比如說放置黑色珠珠一顆或貼制火災符等方式，以防其火災凶應。

下表為各坐向之宅，於近十年來的紫白煞氣方位所在；讀者可自行參閱。若有犯以上紫白煞氣之方位，請自行依上述之法解化之。

*本表格中的宅紫白與流年紫白數字順序並不重要，我只是將同宮的情形列出。

*該年開始的時間以該年的小寒為界（每年時間不一定，約為國曆一月五日或六日）。

*雖然我已將眾多煞氣組合列出，但在如此多的凶組合中，我的師父以二五、二三、三七、九七的組合情形下，較需要考慮及化解而已；其餘只要納氣為吉之下，其實很難為凶。

*此外還有每個月的流月紫白飛星，但是因為時間只有一個月，一般於使用上並不實用，所以此處我就不多做列表了。

民國100年／109年

八宅分類	宅的方位：北方	宅的方位：東北方	宅的方位：東方	宅的方位：東南方	宅的方位：南方	宅的方位：西南方	宅的方位：西方	宅的方位：西北方	宅的方位：中央
乾宅（坐西北向東南）	二三	一九	四五	五六	一二	三四	八九	七八	六七
兌宅（坐西北向東南）	三三	一一	五五	六六	二二	四四	九九	八八	七七
離宅（坐西北向東南）	三五	一三	五七	六八	二四	四六	二九	一八	九七
震宅（坐西北向東南）	三八	一六	一五	二六	二七	四九	五九	四八	三七
巽宅（坐西北向東南）	三九	一七	二五	三六	一八	一四	六九	五八	四七
坎宅（坐西北向東南）	三六	一四	五八	六九	二五	四七	三九	二八	一七
艮宅（坐西北向東南）	三四	一二	五六	六七	二三	四五	一九	八九	七八
坤宅（坐西北向東南）	三七	一五	五九	一六	二六	四八	四九	三八	二七

民國101年／110年

八宅分類	宅的方位：北方	宅的方位：東北方	宅的方位：東方	宅的方位：東南方	宅的方位：南方	宅的方位：西南方	宅的方位：西方	宅的方位：西北方	宅的方位：中央
乾宅（坐西北向東南）	二二	九九	四四	五五	一一	三三	八八	七七	六六
兌宅（坐西北向東南）	二三	一九	四五	五六	一二	三四	八九	七八	六七
離宅（坐西北向東南）	二五	三九	四七	五八	一四	三六	二八	一七	六九
震宅（坐西北向東南）	二八	六九	一四	二五	一七	三九	五八	四七	三六
巽宅（坐西北向東南）	二九	七九	二四	三五	一八	一三	六八	五七	四六
坎宅（坐西北向東南）	二六	四九	四八	五九	一五	三七	三八	二七	一六
艮宅（坐西北向東南）	二四	二九	四六	五七	一三	三五	一八	七九	六八
坤宅（坐西北向東南）	二七	五九	四九	一五	一六	三八	四八	三七	二六

民國102年／111年

八宅分類	宅的方位：北方	宅的方位：東北方	宅的方位：東方	宅的方位：東南方	宅的方位：南方	宅的方位：西南方	宅的方位：西方	宅的方位：西北方	宅的方位：中央
乾宅（坐西北向東南）	一二	八九	三四	四五	一九	二三	七八	六七	五六
兌宅（坐西北向東南）	一三	一八	三五	四六	二九	二四	七九	六八	五七
離宅（坐西北向東南）	一五	三八	三七	四八	四九	二六	二七	一六	五九
震宅（坐西北向東南）	一八	六八	一三	二四	七九	二九	五七	四六	三五
巽宅（坐西北向東南）	一九	七八	二三	三四	八九	一二	六七	五六	四五
坎宅（坐西北向東南）	一六	四八	三八	四九	九五	二七	三七	二六	一五
艮宅（坐西北向東南）	一四	二八	三六	四七	三九	二五	一七	六九	五八
坤宅（坐西北向東南）	一七	五八	三九	一四	六九	二八	四七	六三	二五

民國103年／112年

八宅分類	宅的方位：北方	宅的方位：東北方	宅的方位：東方	宅的方位：東南方	宅的方位：南方	宅的方位：西南方	宅的方位：西方	宅的方位：西北方	宅的方位：中央
乾宅（坐西北向東南）	二九	七九	二四	三五	一八	一三	六八	五七	四六
兌宅（坐西北向東南）	三九	一七	二五	三六	二八	一四	六九	五八	四七
離宅（坐西北向東南）	五九	三七	二七	三八	四八	一六	二六	一五	四九
震宅（坐西北向東南）	八九	七六	一二	二三	七八	一九	五六	四五	三四
巽宅（坐西北向東南）	九九	七七	二二	三三	八八	一一	六六	五五	四四
坎宅（坐西北向東南）	六九	四七	二八	三九	五八	一七	六三	二五	一四
艮宅（坐西北向東南）	四九	二七	二六	三七	三八	一五	一六	五九	四八
坤宅（坐西北向東南）	七九	五七	二九	一三	六八	一八	四六	三五	二四

民國104年／113年

八宅分類	宅的方位：北方	宅的方位：東北方	宅的方位：東方	宅的方位：東南方	宅的方位：南方	宅的方位：西南方	宅的方位：西方	宅的方位：西北方	宅的方位：中央
乾宅（坐西北向東南）	二八	六九	一四	二五	一七	三九	五八	四七	三六
兌宅（坐西北向東南）	三八	一六	一五	二六	二七	四九	五九	四八	三七
離宅（坐西北向東南）	五八	三六	一七	二八	四七	六九	二五	一四	三九
震宅（坐西北向東南）	八八	六六	一一	二二	七七	九九	五五	四四	三三
巽宅（坐西北向東南）	八九	六七	一二	二三	七八	一九	五六	四五	三四
坎宅（坐西北向東南）	六八	四六	一八	二九	五七	九七	三五	二四	一三
艮宅（坐西北向東南）	四八	二六	一六	二七	三七	五九	一五	四九	三八
坤宅（坐西北向東南）	七八	五六	一九	二二	七六	八九	四五	三四	一三

民國105年／114年

八宅分類	宅的方位：北方	宅的方位：東北方	宅的方位：東方	宅的方位：東南方	宅的方位：南方	宅的方位：西南方	宅的方位：西方	宅的方位：西北方	宅的方位：中央
乾宅（坐西北向東南）	二七	五九	四九	一五	一六	三八	四八	三七	二六
兌宅（坐西北向東南）	三七	一五	九五	一六	二六	四八	四九	三八	二七
離宅（坐西北向東南）	五七	三五	七九	八一	六四	八六	四二	一三	二九
震宅（坐西北向東南）	七八	五六	一九	一二	六七	八九	四五	三四	二三
巽宅（坐西北向東南）	七九	五七	二九	一三	六八	一八	四六	三五	二四
坎宅（坐西北向東南）	七六	四五	八九	一九	六五	八七	三四	二三	一二
艮宅（坐西北向東南）	四七	二五	六九	一七	三六	五八	一四	三九	二八
坤宅（坐西北向東南）	七七	五五	九九	一一	六六	八八	四四	三三	二二

民國106年／115年

八宅分類	宅的方位：北方	宅的方位：東北方	宅的方位：東方	宅的方位：東南方	宅的方位：南方	宅的方位：西南方	宅的方位：西方	宅的方位：西北方	宅的方位：中央
乾宅（坐西北向東南）	二六	四九	四八	五九	五一	七三	三八	二七	一六
兌宅（坐西北向東南）	三六	一四	五八	六九	二五	四七	三九	二八	一七
離宅（坐西北向東南）	五六	三四	七八	八九	四五	六七	二三	一二	九一
震宅（坐西北向東南）	六八	四六	一八	二九	五七	七九	三五	二四	一三
巽宅（坐西北向東南）	六九	四七	二八	三九	五八	一七	三六	二五	一四
坎宅（坐西北向東南）	六六	四四	八八	九九	五五	七七	三三	二二	一一
艮宅（坐西北向東南）	六四	二四	六八	七九	三五	五七	一三	二九	一八
坤宅（坐西北向東南）	六七	四五	八九	一九	五六	七八	三四	二三	一二

民國107年／116年

八宅分類	宅的方位：北方	宅的方位：東北方	宅的方位：東方	宅的方位：東南方	宅的方位：南方	宅的方位：西南方	宅的方位：西方	宅的方位：西北方	宅的方位：中央
乾宅（坐西北向東南）	二五	九三	四七	五八	一四	三六	八二	七一	六九
兌宅（坐西北向東南）	三五	一三	五七	六八	二四	四六	九二	八一	七九
離宅（坐西北向東南）	五五	三三	七七	八八	四四	六六	二二	一一	九九
震宅（坐西北向東南）	八五	六三	一七	二八	七四	九六	五二	四一	三九
巽宅（坐西北向東南）	九五	七三	二七	三八	八四	一六	六二	五一	四九
坎宅（坐西北向東南）	六五	四三	八七	九八	五四	七六	三二	二一	一九
艮宅（坐西北向東南）	四五	二三	六七	七八	三四	五六	一二	九一	八九
坤宅（坐西北向東南）	七五	五三	九七	一八	六四	八六	四二	三一	二九

民國108年／117年

八宅分類	宅的方位：北方	宅的方位：東北方	宅的方位：東方	宅的方位：東南方	宅的方位：南方	宅的方位：西南方	宅的方位：西方	宅的方位：西北方	宅的方位：中央
乾宅（坐西北向東南）	二四	九二	四六	五七	一三	三五	八一	七九	六八
兌宅（坐西北向東南）	三四	一二	五六	六七	二三	四五	九一	八九	七八
離宅（坐西北向東南）	五四	三二	七六	八七	四三	六五	二一	一九	九八
震宅（坐西北向東南）	八四	六二	一六	二七	七三	九五	五一	四九	三八
巽宅（坐西北向東南）	九四	七二	二六	三七	八三	一五	六一	五九	四八
坎宅（坐西北向東南）	六四	四二	八六	九七	五三	七五	三一	二九	一八
艮宅（坐西北向東南）	四四	二二	六六	七七	三三	五五	一一	九九	八八
坤宅（坐西北向東南）	七四	五二	九六	一七	六三	八五	四一	三九	二八

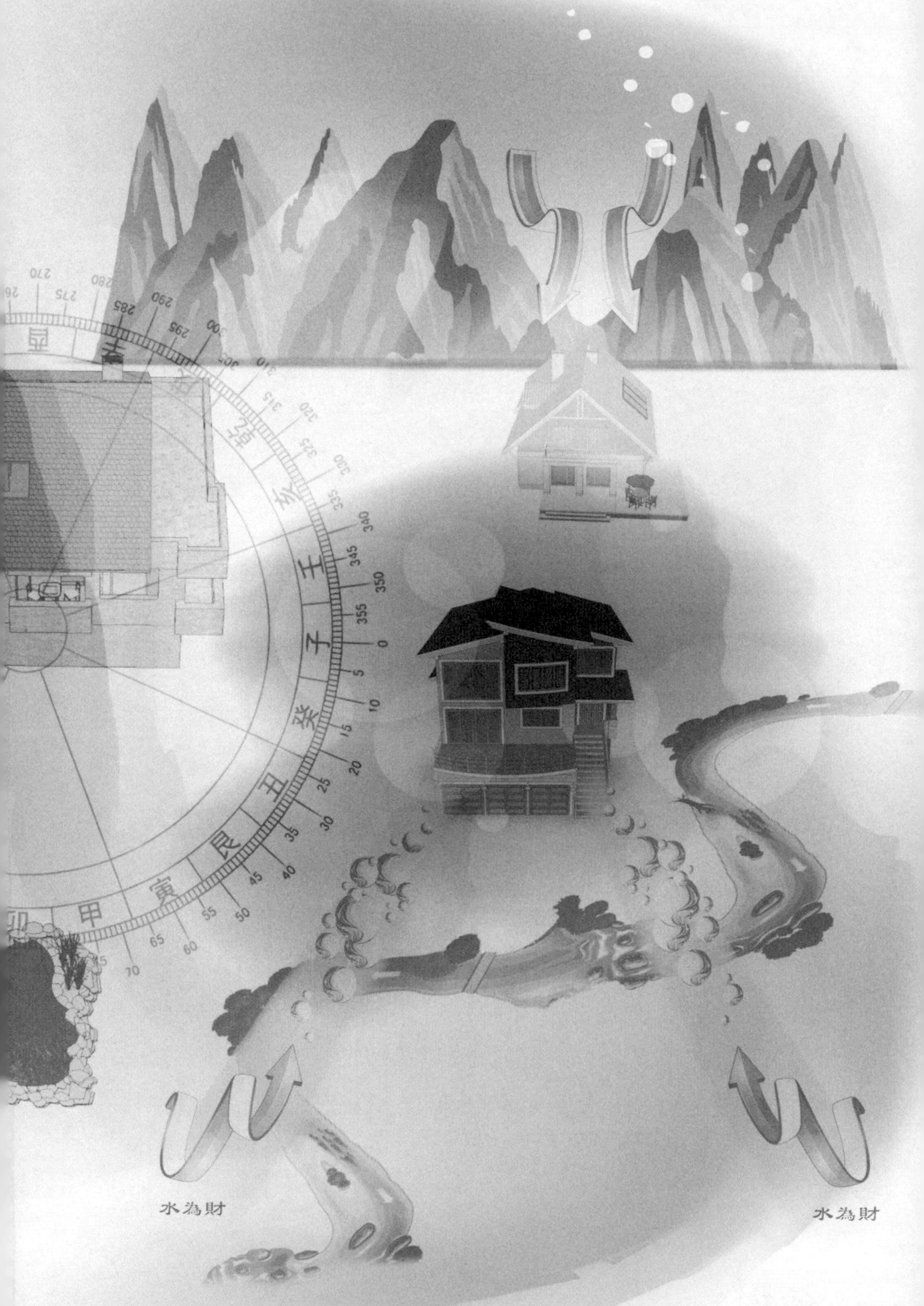
水為財
水為財

第捌篇　實際案例篇

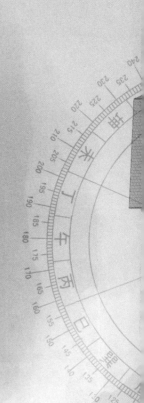

以下例子經由原作同意刊出，以增加讀者及風水同好更清楚的觀念，從實例瞭解本門風水的用法，同時也實證本門理論的精確及簡易。

❖本派陽宅實例一（導致流產的主臥房）：

此例為一般沒有嶠星、水、缺口等條件下的情形。此例公寓的屋主因為老婆二次流產，勘宅後發現沒有外在形煞。而其問題出在主臥室（如下圖8-1），主臥室從枕頭處下羅盤可發現其外氣收坎氣，內氣收震氣。

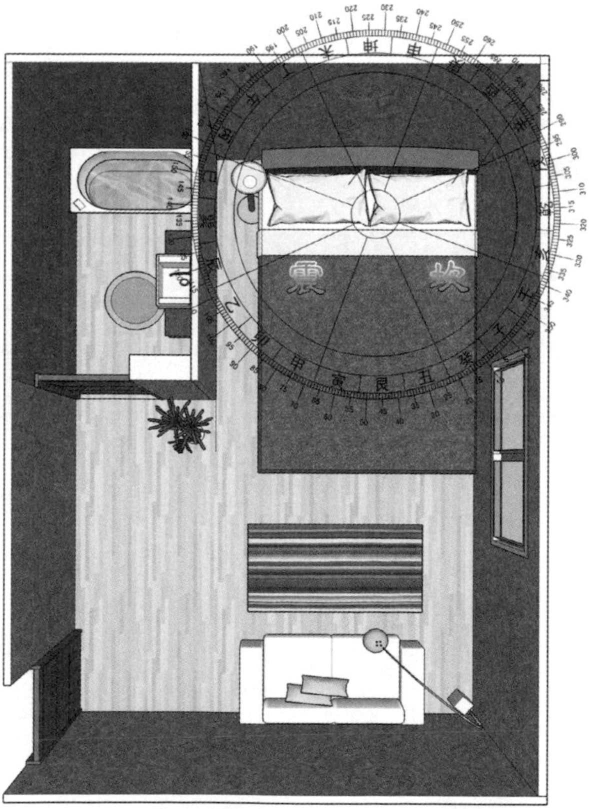

圖8-1：原本主臥房的坐向及方位圖

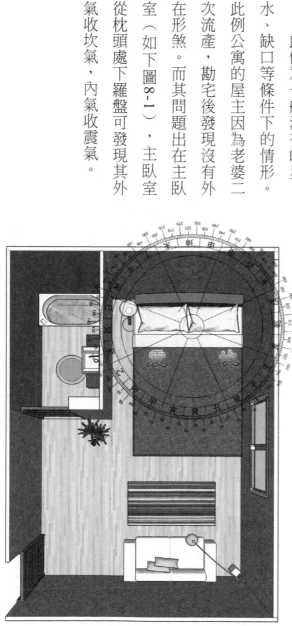

•外氣收坎氣會有：耳疾、腎病、膀胱病、生殖系統疾病、尿道病、子宮、卵巢等婦女病。亦可能出現血液疾病、心理病、桃花、不孕、流產、血光、損丁、破財等現象。與其妻二次流產很符合。

•內氣收震氣會有：肝病、甲狀腺亢進、頭痛作響、手足病痛、神經痛、雷殛、車禍、意外、鬥毆、損丁、敗財。經屋主親自印證其肝不好，且之前發生很嚴重的車禍造成腳受傷。都與震卦符合。

因為主臥是沒有適合的位置，所以建議他們去睡另一間臥房（如下圖8-2）：

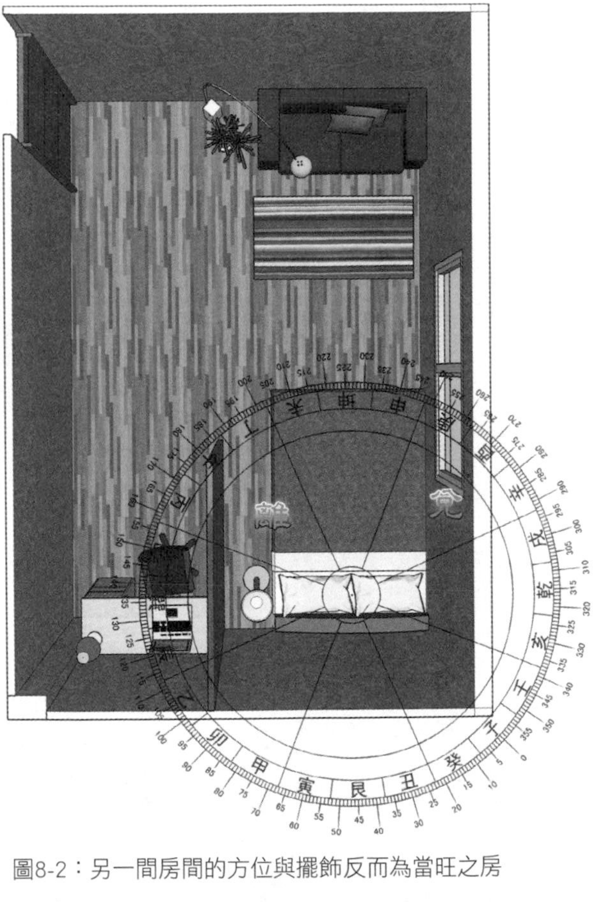

圖8-2：另一間房間的方位與擺飾反而為當旺之房

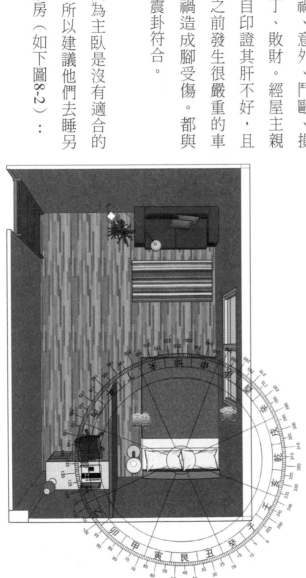

屋主透露他們有時也會到這一間睡，還說他老婆第二次懷孕就是在此間臥房睡的結果，但懷孕後他老婆覺得主臥房有廁所比較方便，於是又回去睡主臥，結果又導致流產。從圖8-2的臥房於枕頭處下羅盤可知，其外氣可收兌氣，內氣可以收離氣（要稍做調整），二者都是旺氣，與主臥的吉凶有天壤之別。

所以，同一間房子內的房間吉凶各不相同，不是像別派所言，只看整間陽宅的吉凶，而不知道陽宅中每個位置點的吉凶各不相同。

❖本派陽宅實例二（收旺氣與收衰氣的差別）：

此宅位於雲林虎尾，辛山乙向，艮方有一空地，種一些樹木及長一些雜草，建議屋主將艮方的空地整理一下，讓艮氣衝入陳宅（如圖8-3）。

其後，生意大好，幾年來賺了幾千萬，但後來艮方的空地，增建房子，把艮氣完全阻擋，說也奇怪，屋主的生意一落千丈，而且陳先生和他兒子都離婚收場（如圖8-4）。

此為同一棟房子因為外在環境變更，而造成吉凶反轉的例子。

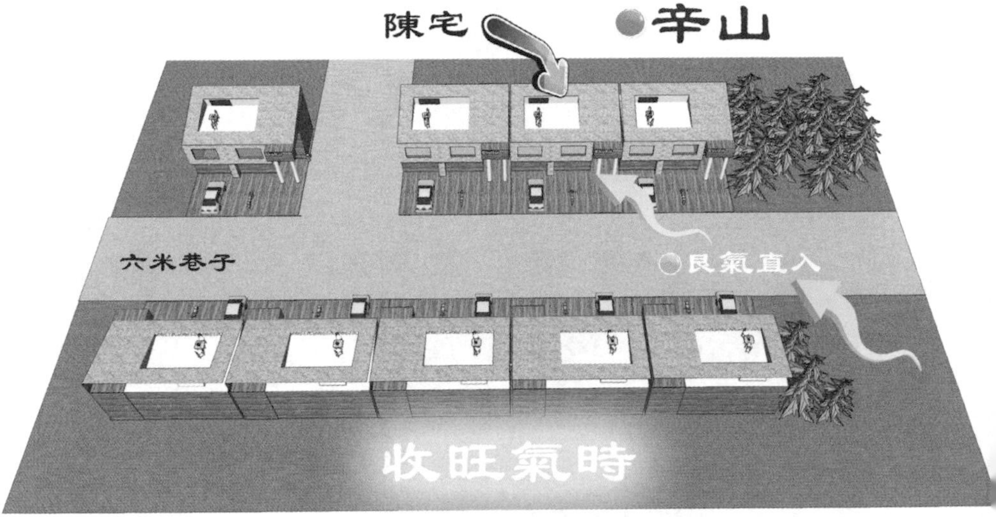

圖8-3：當旺的艮氣可直衝屋宅，外氣主財富與身體運勢，因此生意發達

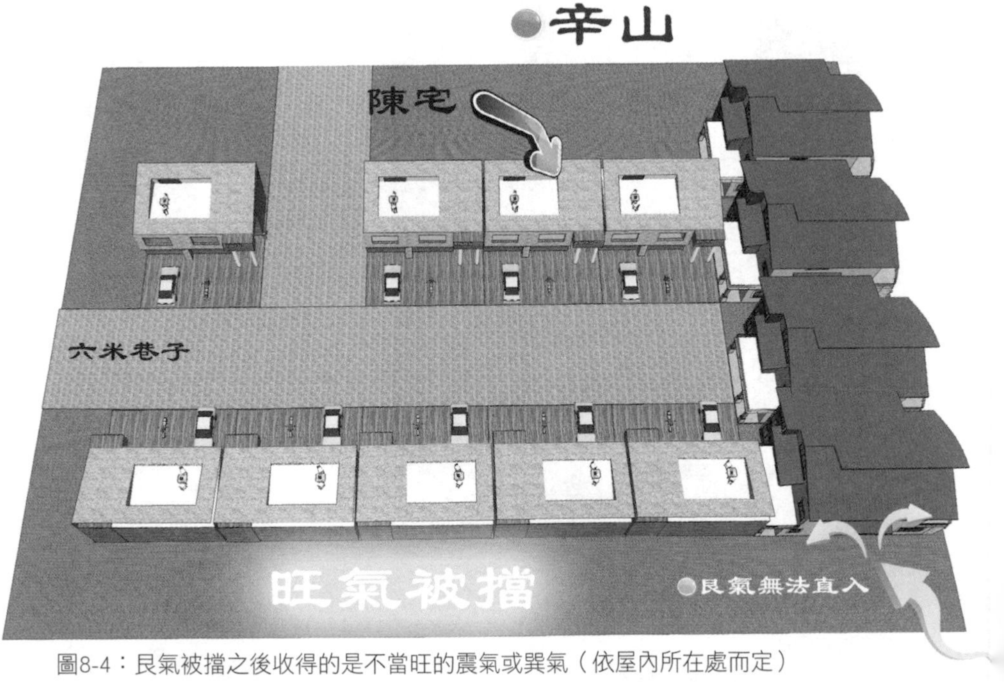

圖8-4：艮氣被擋之後收得的是不當旺的震氣或巽氣（依屋內所在處而定）

❖ 本派陽宅實例三（一般房間之規劃）：

本案例為三層樓住宅，坐午山（175.5度）向子山（355.5度）。

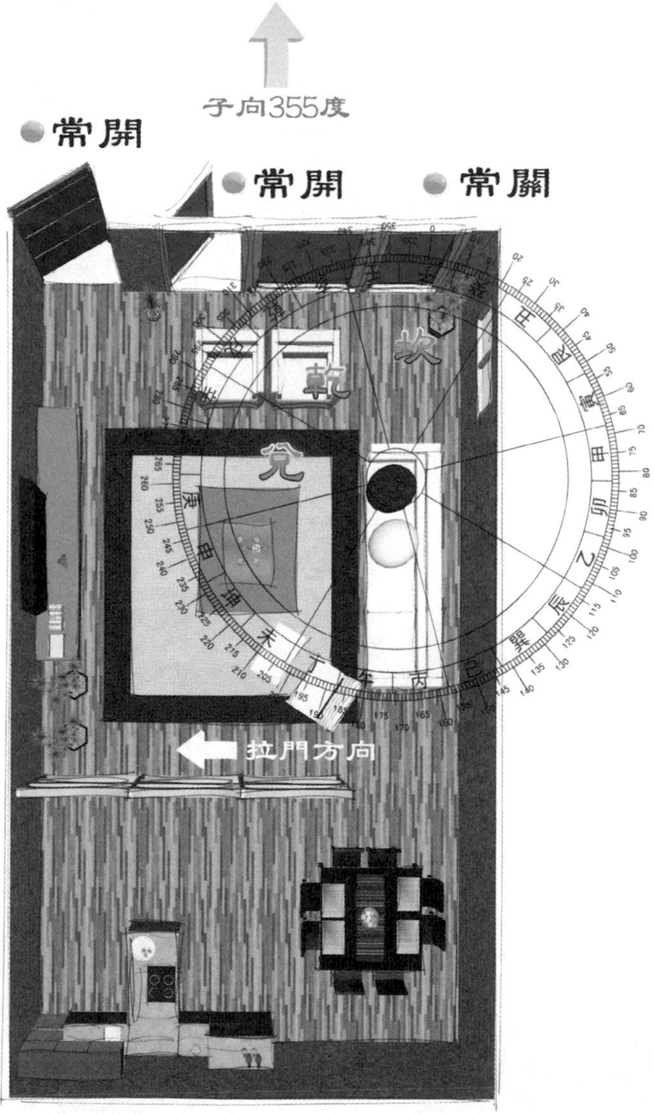

圖8-5：客廳規劃示意圖

・一樓預設為客廳，依照納旺氣原則，因此規劃為如下擺設；大門因為位於沙發時可收兌氣或是乾氣，因此建議此門常開。一般家人常坐三人座沙發看電視，因此大片落地窗有一塊窗戶需要常關以避免納到衰方的坎氣。通往後方廚房的中央設置一拉門，務求坐於沙發時，從拉門通道過來的內氣為離方旺氣；如圖8-5所示。

・一樓臥室規劃為床往右邊靠，如此門可收乾氣，窗可收兌氣；此門此窗都可常開。唯獨此房給男生睡的話，會有左邊沒靠的現象，男主人不宜睡之，易淪於外人強勢、女人強勢。所以可以給小孩子睡或退休老人、女生、在學學生睡。或是左方擺一小矮櫃子（勿高壓或遮擋窗戶吉氣）讓左方有靠。如圖8-6所示：

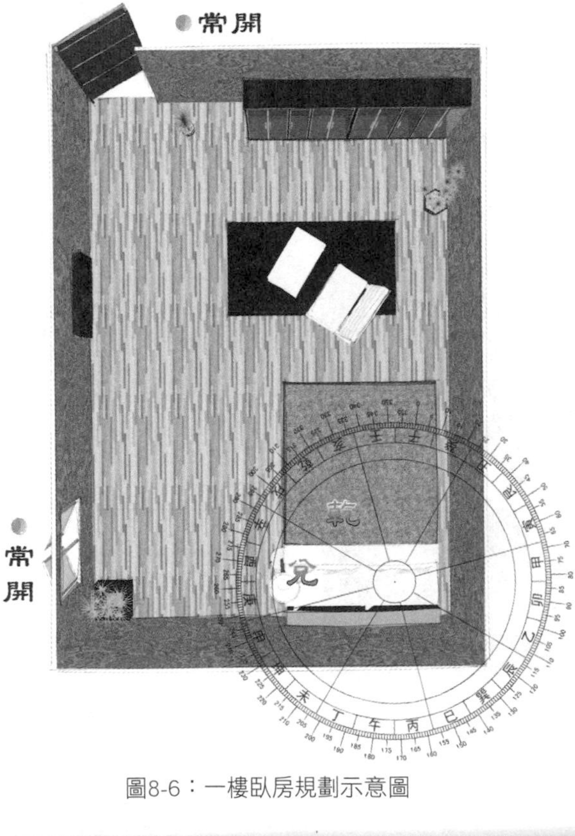

圖8-6：一樓臥房規劃示意圖

・二樓前後的臥室設計如圖8-7、圖8-8所示，基本上都是以收納旺氣、避開衰氣（門窗常關）的擺放方式，然後可配合參照本書的臥室內局擺法，以求形與氣都完美的設計。

我們在此做一個測試，讀者可以自行推量一下為何此二圖的某窗戶、某門要常開或常關呢？是各別收到哪方來的吉氣與衰氣呢？

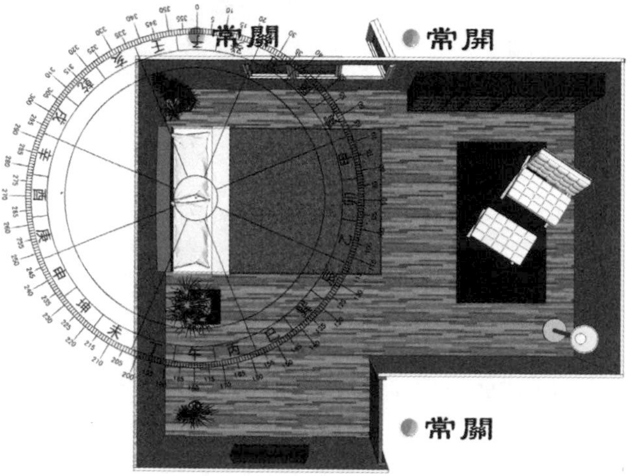

圖8-7：二樓左前方臥房規劃示意圖

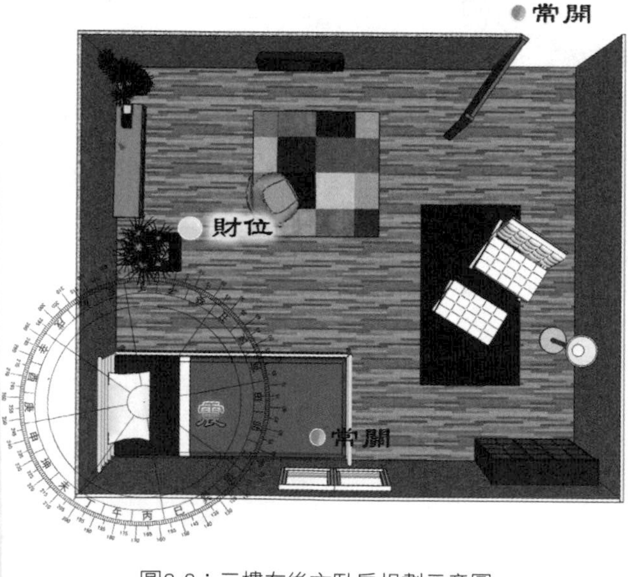

圖8-8：二樓左後方臥房規劃示意圖

我們在此公布答案：圖8-7的常關之門收巽氣，否則會有肝膽、股病、感冒、流產、腰酸背痛、感情失和等問題；常關之窗收坎氣，否則會有財運不佳、耳朵、腎臟、生殖系統、膀胱、不孕、流產、婦女病等問題。

圖8-8的常關之窗收震氣，否則會有財運不佳、肝膽、甲狀腺、頭痛作響、手足、歇斯底里等問題。

＊疾病可參閱本書P.50所列；此外外氣又主財運與健康，而內氣主家人感情與健康。

＊二樓所找到的財位，可以依本書財位注意事項處理之。

＊「常關」的意思並不是一直關起來不打開，如此氣流會無法流通，人反而會生病；可只開一小縫讓空氣流通用。

・三樓依屋主的規劃為神明間，因為神位發福、發凶很快速且較嚴重，因此更應該好好擇吉位擺放之，否則不只居住的人不順，就連外出在外的家人亦會遭殃。而讀者可參照本書神位內局的擺法，然後於納氣方位為吉的地方安置神位。

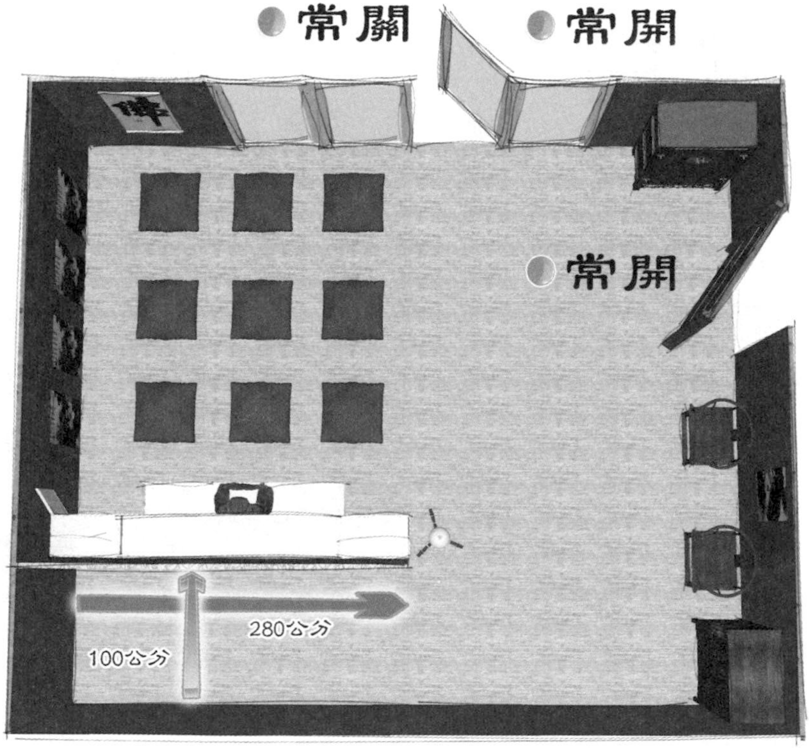

圖8-9：三樓神明間擺放規劃

因為在原本的水泥牆面無法納到旺氣，因此建議往前推100公分處擺放神位。而為讓神位有後靠，因此可用木板再築一道牆再擺放神桌。

前方落地門某片需常關，以防神位納衰氣；而進出的內門因為可納艮氣，因此可以常開。

以上為一個住家的基本規劃設計，至於其他像廚房、廁所等一般不會待上很久的地方，其納氣方位就不是那麼重要，讀者只要參閱本書內堂格局擺設注意事項安排規劃即可。

後記與感謝

針對一門學問而言，知道是一回事，寫出來又是一回事，寫出讓大家都懂的內容則又是另一回事。書本不是寫讓自己高興、給少數人懂的，也不是炫耀自己有多少功力用的，功力的強弱在於顧客的肯定與自我持續的要求，不必如同電視上名嘴、名師推銷式的自誇。本書的編輯過程中，有賴紅螞蟻圖書的李總的建議，讓我知道出版業的邏輯與一般閱讀者的需求。因此本書變成目前讀者手上這樣的書寫模式，是經過一番重整與修訂之後的結果，特於此提出。

筆者的陽宅風水學其實曾經拜過三位老師，而本書得以寫得成，首要感謝筆者的恩師——台中陳龍羽老師，陳老師正確又不吝嗇的教學方式，讓我茅塞頓開！本書內的很多觀念、案例都是陳老師所教導的，在此特別聲明。

其次感謝我的家人，癌末的父親、盡心維護家庭的母親、姊姊與姊夫，以及我的老婆，他們包容極為任性的我——好好的科技業主管不當，跑去做算命、風水事業？

於本書中，堂弟匯宗所繪的圖發揮了畫龍點睛之妙，特別在此提出感謝，也順道幫他做個廣告。他除了精準又快速的畫工外，還是個具有美感的設計科班生，對照先前我用小畫家畫的圖（幸好各位沒看到）與各位現在所看到的圖，真的覺得自己是個小學生……。

陳匯宗的home page：http://huizong.sg1004.myweb.hinet.net/huizong_portfolio/Theme/index，Email：u9004044@msn.com

我的前半段人生過得還算愜意，深知得之於社會太多，而出之於自己實在太少太少。所以，希望藉由整理出所學的一點皮毛，拋磚引玉，富裕這個世界。

最後謝謝購買本書、閱讀本書的讀者們，有什麼指教與問題可與我聯絡。

我的Email：arger.tw@seed.net.tw，電話：0928827456

陳文祥　敬上

君疑聞詳命相卜服務項目

一、卜卦問事

以五術中最精準的卦術，為您解決人生抉擇關口的任何疑難問題。

如：工作求職、感情、疾病、尋人尋物、求財……諸凡各種問題都可得到解答。

問卜是以六爻文王聖卦，除了問題的結果立斷外，還可以獲知更多資訊。

百事皆可問，唯誠則靈。

也可遠距卜卦，但請先來電詢問卜卦須知。

《卜卦準備資料》

當面或email、電話告知即可。

二、命名改名

1、兼顧本命生肖、八字取吉相輔助。

2、配合熊崎氏法則（天、地、人、總、外格）及筆劃數取吉。

3、配合斗術本命個性，並兼顧字形、字音、字義，確實將名字效力實用於個人特質上。

4、配合父母或配偶八字取吉。

若另有需求可另行提出（如增加工作人緣時，需告知工作性質……等等）。

5、以文王聖卦占卜判斷吉凶。

參考坊間多派姓名學，取優避凶，擇吉命名。

另可依需求親書疏文且擇吉日吉時告知祖先，以增加名字靈動力。

《命名準備資料》

1、嬰兒生辰八字（年、月、日、時）、性別。

2、父母親的姓名、八字（出生年即可）。

3、嬰兒兄姐的姓名，以及長輩名字等等（需要避開的字）。

4、特別喜歡（視狀況盡量滿足）或忌用的文字（一定避開）。

《改名準備資料》

1、本人的八字（年、月、日、時）。

2、已婚者附上配偶的姓名及八字。

3、未成年者附上父母親的姓名及八字。

4、改名特殊原因或是新名字需要加強的地方（如工作、婚姻……等等）。

《公司命名準備資料》

1、公司負責人（真正主事者，非掛名者）的姓名、八字、性別。

2、公司的營業性質、項目。
3、如有合夥人附上合夥人姓名及八字。

三、陽宅規劃鑑定

以正統三元派為主，配合其餘派別為輔，幫您的住宅內、外在環境做一完整規劃。除了化煞外，同時為您找出文昌及財位、房間桃花位等，並教導財位催財之法、催桃花之法。調整過程沒有敲敲打打等大工程，或要求加購八卦鏡、山海鎮等推銷手法。並贈入宅擇吉日課或開市開業擇日。

新竹地區不另收車馬費。

《勘宅準備資料》

時間以白天勘宅較適當，以電話或email告知均可。

四、紫微斗數批命

利用紫微斗數幫助您認識自己，找出個性優缺點、適合何種工作發展等等。點出何時走運，何時低潮；讓您的人生不至於走冤枉路。科學論命，沒有神神鬼鬼的怪異之說！

基本盤的解說（個性、財運、事業、健康等優缺點分析）

近幾十年的大限的解說、近年流年解說。
其餘的問與答（依客戶提問需求，亦可配合兩張命盤以上互參）。

《批命準備資料》

1、生辰八字（年、月、日、時，最好準確到分鐘以及出生地區等資訊）、性別。
2、若是看他人的命盤，因涉及隱私，因此要提出彼此關係。
3、希望解決的問題或困擾及基本資訊，如工作問題，則必先告知目前工作性質等資訊。
4、聯絡方式：郵寄地址、聯絡電話或是email方便聯絡皆可。

五、擇日擇吉

開光點眼／搬遷／婚嫁／動土／安床／開市開業……等等。
精通各類日課擇法。
1、搬遷入宅、開市開業。

《入宅準備資料》

預定搬遷日期、時間、房屋坐向（或是簡圖有標明南北坐向亦可）、主事者八字姓名、其餘參與者八字、姓名。
2、婚嫁擇日（含訂婚、結婚、安床）。

《婚嫁準備資料》

新郎新娘姓名及彼此的八字、雙方父母親的八字、姓名，預計的婚期期間、女方有無胎孕、特殊需求（如希望為星期六日）……等。

3、紫微剖腹擇日。

《剖腹準備資料》

預產期、胎兒性別、父母親八字及姓名、簡述對小孩的期望為何。

六、各式演講、通識教學

公司團體、社團、學校等，都可進行時間不等的教學、演講活動（台語、中、英文都可），題目可訂可討論，歡迎詢問。

陳老師的聯絡方式：

Email：arger.tw@seed.net.tw、arger.tw@yahoo.com.tw

部落格：http://tw.myblog.yahoo.com/arger-chen

Facebook粉絲團：君疑聞詳命相卜

國家圖書館出版品預行編目資料

算屋 / 陳文祥著.
第一版——臺北市：知青頻道出版；
紅螞蟻圖書發行, 2012.11
面 ； 公分. ——（Easy Quick；125）
ISBN 978-986-6030-38-3（平裝）

1.相宅
294.1 101017054

Easy Quick 125
算屋
作　　者／陳文祥
校　　對／楊安妮、周英嬌、陳文祥
發 行 人／賴秀珍
總 編 輯／何南輝
出　　版／知青頻道出版有限公司
發　　行／紅螞蟻圖書有限公司
地　　址／台北市內湖區舊宗路二段121巷19號(紅螞蟻資訊大樓)
網　　站／www.e-redant.com
郵撥帳號／1604621-1 紅螞蟻圖書有限公司
電　　話／(02)2795-3656（代表號）
傳　　真／(02)2795-4100
登 記 證／局版北市業字第796號
法律顧問／許晏賓律師
印 刷 廠／卡樂彩色製版印刷有限公司
出版日期／2012年11月 第一版第一刷
2022年11月 第四刷（500本）

定價 280 元　港幣 93 元

ISBN 978-986-6030-38-3 Printed in Taiwan